Desiree Weitershausen

Die Seele von Sidera

Meine Reise von der Traurigkeit ins Licht

Für meine Mama Gudrun

Danke für dein Geschenk der Lebensfreude und Leichtigkeit.
Erst jetzt habe ich es ausgepackt und erlebe seinen wahren Wert.

Für meine Kinder und Enkel

Folgt dem Weg, den eure Seele euch zeigt.

Lasst Lachen und Freude euer Wegweiser sein.

Desiree – Desiderata

Sidera – die Sterne

ursprünglich:

Seele,

von den Sternen

herabgefleht

Inhaltsverzeichnis

Vorwort

Moderner Schamanismus

Die Welt vor der Industrialisierung, Aufklärung ...

Die Menschen dachten und handelten im Einklang mit der Natur und den Naturkräften. Sie waren verbunden mit den Zyklen von Wachsen, Vergehen, Hitze, Kälte, kleinen und großen Tieren. Dem Wind, Regen, Sonne und Schnee.

Alle Handlungen, Anbau von Lebensmitteln, das Wohl der Tiere waren abhängig von den Naturkräften, die mit verschiedensten rituellen Handlungen bei Laune gehalten wurden.

Bis hierher sind sich die meisten Menschen einig.

Was aber, wenn es diese Kraft der Natur tatsächlich gibt?

Was, wenn es Wesen gibt, die für unser Auge weitestgehend unsichtbar sind, aber dennoch in die Geschicke unseres Lebens eingreifen?

Sicher ist es nicht mehr in der Art zu verstehen, wie die Menschen damals die Welt erlebt haben, größtenteils gefährlich und unbezwingbar. Heute wissen wir viel über die Funktion der Dinge, zum Beispiel, welche Abläufe bei einem Gewitter stattfinden. Wie Feuer entsteht, wie Leben gezeugt wird, wie die Pflanzen sich ernähren und wachsen. In jedem Bereich des Lebens wissen wir scheinbar, wie alles funktioniert.

Die moderne Forschung erklärt, zeigt auf. Wir wissen von den Hirnströmen und messen sie. Wir haben Technik, die Menschen durchleuchtet und Informationen zu einem lebenden Inneren gibt.

Wir benutzen Technik, die Strahlen oder Wellen erzeugt und diese Teilchen werden über riesige Abstände durch das All geschickt.

Wir können all diese Dinge, die da durch die Luft fliegen, nicht sehen, aber wir glauben daran, weil unsere technischen Geräte die Teilchen auffangen und in eine Information umwandeln können.
Satellitenfernsehen, Handy-Technologie, daran glauben wir, obwohl wir nichts davon sehen. Unser Gerät zeigt es uns ja.

Was ist nun, wenn es Menschen gibt, die sehr gute eingebaute Empfangsgeräte haben? Wenn wir denken und diese Ströme unserer Gedanken messbar sind, warum sollte es denn nicht möglich sein, auch den Inhalt, das Muster der ausgesendeten Hirnströme zu empfangen?
Ich bin kein Physiker, es fasziniert mich jedoch

immer wieder zu sehen, dass Energie nur die Zustände wechselt, Energie niemals verloren geht.

Wenn wir auf dieser gedanklichen Grundlage auf die Welt schauen, wird sie auch in unserer heutigen Zeit wieder bunt und kreativ. Die unendlichen Möglichkeiten, mit denen sich Energie in verschiedene Muster, Strukturen und Farben zusammenballen kann, ist so beeindruckend.

Diese grundsätzlichen Möglichkeiten sind so vielfältig und in ihrer ganzen Bandbreite von uns Menschen bei weitem noch nicht erfasst.

Was passiert mit der Energie eines Menschen, wenn sein Körper stirbt?
Gibt es Frequenzen oder Energiestrukturen, die auch nach dem Tod erhalten bleiben?
Wie ist es in der Natur? Gibt es in der belebten Natur und der mineralischen Natur Frequenzen, die nicht sichtbar sind und dennoch Informationen weitergeben?

Wenn wir uns auf die alte magische Art einlassen, die Welt zu betrachten, müssen wir diese Fragen bejahen.

Seit Anbeginn der Forschungen wird von Menschen berichtet, die besondere Fähigkeiten hatten, den nicht sichtbaren Teil unserer Welt zu sehen, zu beschreiben und damit zu kommunizieren.

Wir sind Teil dieser Erde und aller vorhandenen Energien. Wir tragen mit unserem Sein zu dem bestehenden Energiefeld bei. Zwischen uns allen ist ja nicht NICHTS ... es ist eine Atmosphäre mit Luft, Gasen, Strahlen, Wellen und allen anderen Informationen. Die Menschheit hat sich in diesem Feld entwickelt. Ergibt es da nicht Sinn, dass die Menschen auch Wahrnehmungsinstrumente für dieses Feld entwickelt haben? Bei Tieren tun wir uns leichter, ihnen diese Sinne zuzugestehen. Warum sollten wir Menschen als artverwandte Säugetiere weniger ausgerüstet sein?

In allen Kulturen waren Menschen mit der sehr gut ausgeprägten Fähigkeit der Wahrnehmung eingesetzt, um die Kräfte und Informationen der Natur wahrzunehmen und in die jeweilige Sprache der Völker zu übersetzen. Diese Menschen nennt man Schamanen. Sie waren und sind Vermittler zwischen den verschiedenen Ebenen unseres Seins.

Sie konnten die verschiedenen Frequenzen unseres irdischen Energiefeldes wahrnehmen und genauso durch ihre Handlungen auf dieses Feld einwirken.

Wir sagen unseren Kindern: „Schau hin, was du tust." Was, wenn sie das wirklich tun und Dinge sehen, die nur sehr wenige Menschen sehen können? Was, wenn diese Kinder davon erzählen?
Wieviel Platz ist heute für Menschen mit besonderer Wahrnehmung?

Sind alle diese Menschen Freaks oder Teufel?

Immer mehr Menschen erkennen, diese Wahrnehmungen sind real und Handlungen auf dieser Ebene können beeindruckende Dinge bewirken.

In diesem Buch erzähle ich meine Geschichte.

Den harten, steinigen Weg in die Erkenntnis und Akzeptanz meiner besonderen Wahrnehmungen.

Unter der alten Kastanie

Letzte Erinnerungen aus der Kindheit endeten mit vagen Bildern aus dem Kindergarten. Der riesige Kastanienbaum, die metallenen Schaukelstangen mit den Schaukelbrettern an langen Eisenketten, auf denen man mit den Füßen in den Himmel schaukeln konnte.

Das Gebäude des ehemaligen Kindergartens gibt es noch heute. Die riesige Kastanie auch. Im Frühjahr mit ihrem betörenden Duft und dem Summen der Insekten in ihren Blüten. Im Sommer mit den üppigen Blättern und den Armeen von Feuerkäfern, die in Kolonnen auf ihrer Rinde herumkrabbeln. Besonders auch im Herbst, wenn die Blätter sich bräunlich zusammenrollen und der Herbstsonne erlauben, ihre Strahlen noch einmal wärmend bis zur Erde zu schicken. Die große Zeit der Kastanie.

Wenn ich dort vorbei gehe, sehe ich immer noch die Kinder, wie sie die braunen, glänzenden, fast samtigen Kugeln mit Inbrunst aufsammeln und diese Schätze gegen diebische Mitspieler verteidigen. Ich sehe sie immer noch auf den Schaukeln mit den Beinen in den Himmel schaukeln.

Ich sehe meine eigenen Beine, beobachte, wie meine Füße bis zur Sonne reichen und ich die Wolken ein bisschen treten kann. Manchmal schaffe ich es nur bis zur Hainbuchenhecke, die diesen Ort begrenzt und verzaubert. Sie schützt eine Oase, abgegrenzt von störender materieller Geschäftigkeit, einen Ort, in dem sich auch andere Wesen wohlfühlen.

Nicht selten konnte ich von der Schaukel aus die Vögel in der Hecke beobachten. Manchmal flog eine Elfe von Ast zu Ast, unterhielt sich mit einer anderen Elfe. Sie flogen sehr geschickt zwischen den Ästen und Blättern der Hecke hin und her. Spielten Verstecken, tauchten auf und verschwanden blitzschnell, wenn einer der wilden Jungs, zu laut und schnell, in Richtung der Hecke lief.

Es war auch nicht schlimm, wenn meine Schaukel-Zeit abgelaufen war. Oft setzte ich mich dann an den Sandkasten und schaute weiter in die Hecke. Irgendwann entdeckte ich einen Zwerg, der im unteren Bereich der Hainbuchenhecke herumkraxelte. Ich sah ihn öfter und beobachtete, wie er die Elfen wegjagte. Sie neckten ihn. Dafür erschreckte er sie ab und zu, wenn sie gerade miteinander scherzten.

Ich meinte, dass er zu mir herübersah. Er bemerkte, dass ich ihn auch sehen konnte. Irgendwann deutete ich auf ein Blatt und er kletterte hin und bewegte es. Es wurde unser Spiel. Manchmal spielten wir eine ganze Weile. Ein anderes Mal ärgerte er mich, indem er immer das falsche Blatt bewegte. Wenn ich mich ärgerte, lachte er mich aus. Ab und zu gelang es mir, das Blatt selbst zu bewegen, indem ich einfach darauf deutete. Es flatterte dann wie wild, ohne dass sich die umliegenden Blätter bewegten. Daraufhin lachte der Zwerg sich kaputt und klopfte sich vor Lachen auf die Oberschenkel. Das war ein schönes Spiel. Leider war es meistens zu schnell vorbei und wir mussten nach Hause gehen. Ich war sehr glücklich mit dem Baum, der Schaukel, der Hecke und ihren Bewohnern.

Der Zwerg

Eines Tages sah ich von der Schaukel aus den Zwerg. Wir waren inzwischen bekannt und ich verfolgte gespannt, was er tat.

Er schlich durch die Hecke in Richtung Sandkasten – „neeeiiin, er wird doch entdeckt oder von den wilden Jungs umgerempelt", dachte ich. Frech grinsend lief der Zwerg zum Sandkasten und schnappte sich ein Sandförmchen, das neben den Sandkasten gefallen war. Er schleppte es zur Hecke, um es zu verstecken. Meine Schaukel-Zeit war abgelaufen. Ganz aufgewühlt musste ich die Schaukel verlassen. Ich suchte den Zwerg. Ich hatte ihn aus den Augen verloren. Er war nicht mehr zu sehen. Ich lief zum Sandkasten und suchte mit meinem Blick die Hecke ab.
Den beiden Mädchen, die gemeinsam jetzt am Sandkasten spielten, erzählte ich von dem Zwerg

und dem versteckten Sandförmchen ... ich kann mich nicht mehr erinnern, was sie sagten auch als ich ihnen den Zwerg zeigte, schauten sie mich so merkwürdig an ... der Zwerg freute sich über seinen gelungenen Schabernack. Er hüpfte lachend und prustend in der Hecke auf und ab.

Die Spielzeit ging zu Ende und die Kindergarten-Tante rief mich zu sich. Die beiden Mädchen standen bei ihr ... ich fühlte mich nicht gut. In Hörweite der Mädchen sagte sie mir, dass es keine Zwerge gibt und ich gelogen habe. Es ist verboten, zu lügen und ich darf keine solchen Geschichten erzählen.

Meine Verzweiflung wuchs mit jedem Wort. Ich war wütend auf die Mädchen. Sie hatten mein Geheimnis ausgeplaudert, obwohl sie mir versprochen hatten, nichts zu verraten, wenn ich es ihnen erzähle. Sie hatten es doch getan! Ich fühlte mich verraten. Als die Situation ungemütlich wurde, hatten sich die beiden inzwischen längst verkrümelt.

Ich war voller Angst, weil ich etwas falsch gemacht haben sollte und voller Protest ... ich habe nicht gelogen!!! Ich habe nur die volle Wahrheit erzählt. Meine Tränen der Wut, Angst und Verzweiflung wollten nicht mehr aufhören.

„Wer lügt, muss ins Kämmerchen", eine der „Tanten" griff durch. „Neeeeinnnn, nicht ins Kämmerchen", schrie ich. Nur die bösen Jungs, die alle an-

deren ärgern, wurden ins Kämmerchen gesperrt. Ich war immer lieb und habe gemacht, was die „Tanten" wollten. Es war ungerecht! Ich wehrte mich, strampelte und weinte. Trotz übermäßiger Schmerzen drehte ich mich mit einem gewagten Überschlag aus dem festen Griff der „Tante". Nicht ins Kämmerchen!!!
Ich weiß nicht mehr, was weiter geschah, aber irgendwann saß ich mit einer ganz jungen „Tante" draußen auf der Bank. Sie redete auf mich ein, tröstete mich und sagte mir noch einmal, dass ich nicht lügen darf und dass Jesus mich nicht lieb hat, wenn ich lüge.

Nein, das wollte ich nicht! Jesus sollte mich weiter lieb haben! Das war wichtiger! Jesus war doch mein Freund ..., wir sahen uns öfter in der Kirche und er tröstete mich auch manchmal, wenn ich weinte. Das wollte ich nicht riskieren. Ich sah den Zwerg noch ratlos in der Hecke sitzen. Er schaute mich mit traurigen Augen an ... irgendwie verstand er, was geschehen war. Ich durfte nicht mehr mit meinen Freunden spielen. Es war verboten. Ich warf einen letzten, traurigen Blick auf ihn.

Danach verschwanden die Zwerge und Elfen für eine lange Zeit aus meinem Leben ...

Liebe Freunde

Besuch am Bett

Meine Oma und meine Tante saßen in der Küche, ich hockte auf einem Schemel neben ihnen. Die beiden schauten alte Fotos. Sie reichten die Fotos hin und her und diskutierten darüber, wer wohl auf dem Foto abgebildet sei. Ich fragte, ob ich auch mitschauen dürfte. Ja, ich durfte. Sie reichten mir die Fotos herunter. Das Fotopapier war alt, manche Fotos hatten Mausezähnchen am Rand, andere waren glatt. Die meisten waren Schwarz-Weiß-Fotografien.

Geduldig hörte ich den Erklärungen zu und betrachtete die Fotos. Ich habe heute noch den Geruch von damals in der Nase. Meine Oma mit ihrer Kittelschürze, sie roch nach Essen und Erde. Ihre rauen, aufgesprungenen Hände waren durchzogen mit tiefen, dunklen Furchen von der Arbeit im Garten. Neben ihr die Schüssel mit dem Salat, den sie gerade putzte. Er hatte noch Wurzeln, an denen die Erde hing. Meine Tante mit ihrer dicken Brille. Sie war immer schick gekleidet und roch nach Seife oder Parfum.

Plötzlich bekam ich ein Foto von einer alten Frau mit einer runden Brille in die Hand. Ich freute mich sehr darüber, dass ich endlich einmal jemanden auf den Fotos erkannte und wurde ganz aufgeregt. Sofort rief ich aus: „Die Frau kenne ich, die sitzt jeden Abend auf dem Stuhl neben meinem Bett."

Eisiges Schweigen, betroffene Blicke … irgendwas hatte ich falsch gemacht!!!
In mir wurde ein Kribbeln ausgelöst, dieses Gefühl, wenn alle Sinne bis zum Zerreißen angespannt sind und etwas auf dich zukommt, von dem du genau weißt, dass es nichts Gutes ist.

Nach ewigen Sekunden des Schweigens löste meine Tante die Situation auf. Sie schaute streng durch ihre dicke Brille und erklärte mir sehr bestimmt, dass dies nicht sein könne.

Diese Frau war meine Urgroßmutter mütterlicherseits, Charlotte Stautz, sie starb drei Monate, bevor ich geboren wurde. Das Zimmer, in dem ich jetzt schlief, gehörte vorher ihr, dort war sie auch gestorben.

Ich versuchte, meine Tante zu überzeugen, dass die Frau oft auf dem Stuhl neben meinem Bett saß und ich sie sehr wohl sah …
Das konnte nicht sein! Sie akzeptierte nichts von meinen Erklärungen. Sie redete in diesem Ton mit mir, mit dem Erwachsene Kindern eine lebhafte Fantasie zusprechen, aber sie nicht ernst nehmen. Schlimmer noch, ich bekam das Gefühl vermittelt, etwas falsch gemacht zu haben.

Nach einigem Hin und Her beschloss ich, nichts mehr zu sagen.

Abends im Bett saß meine Uroma neben mir. Ich hatte keine Angst vor ihr, obwohl ich jetzt wusste, dass sie gestorben war. Wir redeten miteinander. Diese Gespräche fanden statt ohne gesprochene Worte. Wir unterhielten uns einfach durch unsere Gedanken. Es war ein schönes Gefühl, sie war sehr nett und fragte, wie es mir geht. Sie hatte viel Zeit und ich fühlte mich geborgen.

Gleichzeitig war ich traurig. Meine Tante und meine Oma hatten gesagt, das darf nicht sein, die Uroma ist ja gestorben und darf nicht mehr hier sein. Ich war aufgeregt und wollte wissen, was sie dazu sagt. Als ich ihr das mit klopfendem Herzen erzählte, lachte sie. Dann wurde sie ganz ernst und fragte mich, ob sie weggehen soll. Ich war sehr unsicher und dachte, es müsste doch richtig sein, was die Lebenden erzählen. Gleichzeitig klopfte mein Herz wie wild bei dem Gedanken, einen Fehler zu machen.

Anscheinend gab es in dieser Situation nur entweder – oder. Entweder sie darf bleiben – oder sie geht für immer weg.

„Mir ist es lieber, wenn du nicht mehr zu mir kommst", sagte ich. Als ich diese Worte ausgesprochen hatte, war ich mir schon nicht mehr sicher, ob das die richtige Entscheidung war. Sie hatte mich lieb und kam zu mir, wenn ich mich einsam fühlte … sie war verständnisvoll.

„Ich will doch nur auf dich aufpassen, damit es dir gut geht. Ich werde tun, was du möchtest", sagte sie. Dann verabschiedete sie sich sehr freundlich von mir. „Wenn du nicht willst, dass ich da bin, gehe ich jetzt."

Ab diesem Tag sah ich sie nicht mehr. Der Stuhl neben meinem Bett blieb leer.

Familie Stautz

Von links: meine Mutter Gudrun, Opa Hermann, seine Mutter (meine Uroma Charlotte), Oma Else geb. Keller und Onkel Hartmut

Spiele auf dem Dachboden

Der Dachboden meines Elternhauses war ein wunderbarer, geheimnisvoller Ort. Wenn mir langweilig war, ging ich oft heimlich nach oben. In einem Teil des Dachbodens standen riesige Schränke. Sie waren prall gefüllt und oben drauf beladen mit Kisten und Koffern. Ich fürchtete mich eine Zeitlang, die Schranktüren zu öffnen. Was würde mich hinter diesen Türen wohl erwarten?

Ich fantasierte von schrecklichen Dingen, die mir dort entgegenspringen könnten – Gespenster – Soldaten – die Tür zu einem neuen Land ... irgendwann siegte die Neugier und ich traute mich, den Schlüssel umzudrehen ... sofort sprang mir die Schranktür entgegen.

Es waren keine Gespenster im Schrank, dafür alte Mäntel, Anzüge und Schuhe, die wohl nicht mehr zu den Menschen passten, die heute in unserem Haus lebten. Kleider von Menschen, die noch auf den alten Fotos zu sehen waren, der Geruch der alten Wollmäntel, der Ledergürtel und der ausgebeulten, gewachsten Stiefel bildete eine wilde Mischung in meiner Nase und der Staub des Verbotenen brachte mich des Öfteren zum Niesen.

Der zweite Teil des Dachbodens war ähnlich spannend, er war niedriger und es standen nur halbhohe Schränke darin. Hier fanden sich feinere

Dinge. Utensilien in Schubladen und Schränken, die ich nicht kannte, bereit, von mir entdeckt zu werden.

Es gab Puppenstuben, gut verpackt in Packpapier oder mit Plastik abgedeckt. In einer verborgenen Ecke stand ein Schaukelpferd aus Holz. Es schaute etwas grimmig und hatte schon viel von seiner weißen Farbe verloren. Ich fand auch eine kleine Puppenwiege. Diese Dinge wollte ich gerne haben. Dabei durfte ich aber nicht verraten, dass ich sie schon entdeckt hatte. Was sollte ich tun? Unten in der Küche erzählte ich meiner Oma, wie sehr ich mir ein Schaukelpferd wünschte. Meine Oma begann fast augenblicklich von ihrem Vater Adolf Keller, also meinem Urgroßvater, zu erzählen. Er war Maler und Anstreicher und fertigte für die Kinder in der Nachbarschaft wunderschöne Spielzeuge aus Holz. Er hatte also das Schaukelpferd, das Bettchen und die Puppenstuben gebaut. Sie erzählte auch, dass er die Kulissen für die örtliche Theatergruppe gemalt hatte.

Mein Plan jedenfalls ging auf. Meine Oma erinnerte sich an das Pferd und die Erwachsenen brachten es vom Dachboden herunter.

Eines Tages, bei einem meiner Abenteuerausflüge in diesen Teil des Dachbodens, bewegte sich etwas in der Ecke hinter einem Balken … etwas Großes Weißes huschte hin und her. Ich hielt vor Angst den

Atem an ... presste mich mit dem Rücken an den Schrank. Den Blick fest auf die Ecke gerichtet, bewegte ich mich rückwärts, so schnell ich konnte, zu der kleinen Treppe, die beide Dachböden miteinander verband. Ich drehte mich um und lief mit wild pochendem Herzen zurück in mein Zimmer.

Natürlich hielt der Schreck nicht allzu lange an. Ich wollte wissen, welches Geheimnis sich da auf diesem Dachboden befand!

Meinen nächsten Besuch plante ich genau. Ich ging direkt zur Treppe im hinteren Teil des Dachbodens. Alle meine Sinne waren angespannt ... langsam, Schritt für Schritt, stieg ich die kleine Treppe hinab. Mein Blick heftete sich direkt auf die seltsame Ecke. Ich schaute angestrengt hin ... erst geschah – nichts ... ich wartete. Es war heiß und stickig. Ich wagte nicht, mich auf die Stufen der Treppe zu setzen. So wartete ich im Stehen und beobachtete die Staubteilchen bei ihrem wilden Tanz im Sonnenlicht, welches durch die Dachluke in den Raum fiel.

Als der Staub des Dachbodens mich in der Nase kitzelte und ich vom langen Warten dösig wurde, bewegte sich plötzlich etwas. Ich zuckte zusammen und starrte in die Ecke. Da war sie! Ich sah eine weiße Gestalt gebückt in der Ecke.
Ich weiß nicht, ob ich es dachte oder sagte: „Wer bist du?" Vielleicht war ich doch etwas zu mutig gewesen? Ich war kurz davor, es mir anders zu über-

legen. Mit wildem Herzklopfen schielte ich schon auf den Ausgang. Dann kam eine Antwort zurück: „Keine Angst!"

Die Gestalt trat aus der Ecke heraus. Ich spürte keine Gefahr, obwohl ich weiter meinen Fluchtweg im Auge behielt. Sie sagte: „Ich beobachte dich schon eine ganze Weile, wenn du auf den Dachboden kommst. Ich wohne hier. Willst du mit mir spielen?" Ich betrachtete sie genau. Es war ein Mädchen mit einem wunderschönen cremeweißen Spitzenkleid und langen, lockigen blonden Haaren. „Ich wohne auch hier", sagte ich. Wir lächelten uns an und ab diesem Tag hatte ich eine Freundin auf dem Dachboden.

Wann immer es mir möglich war, kletterte ich ins kleine Dachbodenzimmer, um mich mit ihr zu treffen. Wir spielten mit den Puppen, die dort lagen. Ich baute mit ihr die Puppenstube auf. Sie redete mit mir in meinen Gedanken und konnte mir auch Bilder aus ihrem Gedächtnis zeigen. Oft saßen wir nebeneinander und zeigten uns diese Bilder. Wenn ich eine Frage zu ihrer Familie hatte oder, warum sie hier war, beantwortete sie diese nicht.

Eines Tages, als ich wieder zu ihr auf den Dachboden kam, war sie sehr traurig und weinte. „Was ist los, warum weinst du?" fragte ich betroffen. „Ich vermisse meine Mama", erwiderte sie schluchzend. Ich fühlte ihre Traurigkeit. Jetzt wurde ich auch traurig und spürte, wie stark dieser Wunsch für sie war. „Kann ich dir helfen, deine Mama zu finden?" fragte ich. „Ich weiß nicht", antwortete sie hoffnungslos. Ich fühlte so sehr diesen Kummer meiner Freundin, dass ich mit ihr zusammen weinte. Ich wünschte ihr von ganzem Herzen, dass ihre Mama käme und sie finden würde.

Abends in meinem Bett betete ich. Über meinem Bett hing das Bild eines Engels. Es war mein Engel, ich schaute hilfesuchend zu ihm hinauf und bemerkte, wie er mich ansah. Er trug ein Kind auf dem Arm und brachte es in den Himmel. „Wenn du fliegen kannst und die Kinder durch die Luft trägst, kannst du dann auch meiner Freundin helfen, ihre Mama zu finden?", fragte ich ihn verzweifelt. Er antwortete nicht direkt, sondern schickte mir ein liebevolles Gefühl, das mich innerlich ganz ruhig machte. Es war sein Versprechen, mir zu helfen.

Das Sonnenlicht schien durch die Dachluke, die Staubkörnchen tanzten ihren wunderbaren Tanz. Ich werde diesen Moment nicht vergessen, als sich alles, der ganze Dachboden, die Luft, der Staub und die Möbel, mit bunten, rosa und gelben Lichtstrahlen füllten. Die Dachluke war nicht mehr zu sehen. Alles verschwamm vor meinen Augen, anstelle aller Dinge waren nur noch Wärme und Liebe in dem Raum. Ich weinte vor Glück … eine wunderbare, hell gekleidete Frau kam herein. Sofort lief das kleine Mädchen freudestrahlend auf sie zu. Die beiden fielen sich in die Arme und hielten sich ganz fest. Ich spürte dieses große Glück und war Teil davon. Die Mama war gekommen und holte ihre Tochter ab.

Ich wagte mich nicht näher an die beiden heran. Da löste sich meine Freundin noch einmal aus der Umarmung. Sie trat zu mir und bedankte sich. Ich fühlte Freude und Schmerz, während wir uns innig verabschiedeten. Dann nahm die Mutter ihre Tochter auf den Arm und trug sie in diesem wunderbaren Licht aus der Dachluke in den Himmel. Die beiden winkten mir noch zu, während sie über die Dächer der umstehenden Häuser hinweg schwebten.

Ich schaute ihnen noch eine ganze Weile hinterher. Sie sahen aus, als schwebten sie gemeinsam, eng umschlungen, in einem rosafarbenen Luftballon. Ich beobachtete, wie der Ballon sich immer weiter in die Höhe hob. Zuletzt war nur noch ein kleiner rosafarbener Fleck zu sehen. Dann waren sie meinen Blicken entschwunden.

Ich blieb zurück und weinte noch eine ganze Zeit alleine auf dem Dachboden. Ich weinte vor Glück und Freude und dann vor Trauer und Leid … meine Freundin war weg. Ich wusste, dass sie nicht mehr zurückkommen würde.

Ich war wieder allein.

Der Dachboden verlor seinen Reiz.

Opa

Meine geheime Freundin vom Dachboden war weg. Ich hatte jetzt echte Freundinnen, mit denen ich gelegentlich spielte.

Sonntags durfte ich jetzt öfter mit meinem Opa ins Café Wellblech in die „Anlagen". Die sogenannten Anlagen waren ein ehemals brachliegendes Gelände. Viele Bäume waren gepflanzt und Wege angelegt worden. Es wurde von den Menschen aus dem Dorf gepflegt, die Wege freigehalten und Bänke aufgestellt. Man konnte dort wunderbar spazieren gehen. In steilem Gelände gelegen, waren die Anlagen ein Paradies für Kinder jeden Alters.

Das Café Wellblech war eine kleine Bude an einer Wegkreuzung in den Anlagen. Sonntags saßen die Leute dort zum Frühschoppen auf einfachen Bänken und erzählten sich den neuesten Tratsch unter einem lichten Blätterdach, in Konkurrenz mit den weithin zirpenden und trällernden Vögeln. Es war etwas ganz Besonderes, wenn ich mitkommen durfte.

Meine Oma schärfte meinem Opa noch einmal ganz dringend ein, mir keine Cola zu kaufen, dann zogen wir los. Ich konnte meinen Opa alles fragen und er antwortete immer. Er erklärte mir alles, was er wusste, ganz genau. Die Namen der Bäume und die Blätter, wie man sie unterscheidet und was man damit macht. Sicher habe ich mir nicht alles behalten, aber es machte sehr viel Spaß. Ich pflückte die Blätter, roch an ihnen, zerrieb sie in meiner Hand. Oft betrachtete ich die Blattrippen gegen die Sonne, zerlegte Hainbuchenblätter in geometrische Formen und färbte meine Hände mit Blattfarbe. Manchmal gab mein Opa mir ein Blatt zum Essen. Er aß selbst eines und tat dann so, als schmeckte es ihm sehr gut. Wenn ich es auch probierte, schüttelte ich mich meist und spuckte es schnell wieder aus. Er lachte dann schallend und der Schalk blitzte aus seinen lustigen blauen Augen.

Am Café Wellblech angekommen, durfte ich mir aussuchen, was ich trinken wollte. Natürlich auch Cola – aber nur eine!

Manchmal arbeitete mein Opa auch sonntags früh. Er war Friseur, der „Schnudebutzer". Er rasierte den Männern vor der Kirche oder vor dem Frühschoppen den Bart. Wenn ich mich sonntags morgens in die Reihe der wartenden Männer setzte, war das sehr spannend. An einen Mann kann ich mich sehr gut erinnern ... er hatte eine riesige Nase, riesige Ohren und aus allen wuchsen dicke, schwarze Büschel Haare heraus. Auf dem Kopf hatte er fast keine Haare mehr.

Es faszinierte mich, zu beobachten, wie mein Opa mit Rasiermesser und Schere diese riesigen, schwarzen Büschel bearbeitete. Zuerst bereitete er die Kopfstütze vor, indem er ein neues Papier auflegte. Anschließend wurde der Kunde in einen großen Umhang verpackt und eine frisch gewaschene und gebügelte Stoffserviette um seinen Hals gelegt. Zum Rasieren hatte er ein klappbares Messer mit einer geraden Klinge, die in sich eine halbrunde Form aufwies. Die Klinge wurde vor jeder Rasur in einer besonderen Zeremonie an verschiedenen breiten Lederriemen abgezogen und dadurch geschärft. Zum Einseifen benutzte er seltsame Gerätschaften. Eine Art Porzellantasse mit Henkel in ovaler Form. Darin waren zwei Becken, in einem war die Rasierseife fest eingelegt. In das andere Becken füllte man warmes Wasser. Das Gerät wurde „Herborner Becken" genannt. Die Seife wurde mit dem breiten, weichen Rasierpinsel und Wasser so lange bearbeitet, bis ein feiner Schaum entstand. Damit wurden das Gesicht und in diesem Fall sogar die Ohren eingepinselt. Das war so lustig! Der Mann sah aus wie ein Clown im Zirkus. Dann, so nach und nach, verschwanden Schaum und Haare und es kam ein wunderbar verändertes, wohlriechendes Gesicht zum Vorschein.

Am Freitag machte mein Opa immer seine Wochenabrechnung und ich durfte ihm helfen, das eingenommene Geld zu zählen. Es gab einen riesigen Haufen Münzgeld in einem beutelartigen Portemonnaie aus Leder. Darin klimperten die Münzen. Es war sehr schwer. Ich durfte die Münzen auf den großen Wohnzimmertisch schütten und nach Art,

Farbe und Größe sortieren. Ich stapelte immer 10 gleiche Münzen aufeinander, damit mein Opa sie dann besser zählen konnte. Das war eine schöne Arbeit und ich fühlte mich sehr wichtig dabei.

Im Laden stand ein Drogenschrank, ein ganz besonders geheimnisvolles Möbel. Es gab Reihen von kleinen Schubladen mit runden, weißen Porzellangriffen. Auf jeder Schublade hing ein Schild, auf dem etwas in lateinischer Sprache stand. In dieser Zeit gab es noch nicht so viele Apotheken, deshalb durfte mein Opa als Sanitäter damals auf dem Dorf noch einfache Arzneimittel (Drogen) verkaufen.

Oft schlich ich mich heimlich in den Laden, öffnete die Schubladen und roch an den Beuteln mit den Tees. Der betörende Duft der Kräuter, die geheimnisvolle Schrift und die kleinen Beutel zogen mich immer wieder magnetisch an.

Wenn Opa Zeit hatte, erklärte er mir, wofür man die verschiedenen Tees gebrauchte.

Als Sanitäter war er oft samstags auf dem Fußballplatz. Mit seiner Sanitäter-Kiste versorgte er die kleineren Verletzungen der Spieler.

Auch die Bauern kamen manchmal, um irgendein mysteriöses Pulver für ihre Kühe zu kaufen.

Im Jahr 1966 verunglückte ein belgischer Reisebus auf der Autobahn in der Nähe. Der Bus war beladen mit Kindern einer Reisegruppe. Der Bus stürzte von der Brücke und sehr viele der Kinder starben. Mein Opa war als Sanitäter damals vor Ort und half, die lebenden Kinder zu versorgen. Ich war noch zu klein, um zu verstehen, was passiert war. Mein Opa war jetzt sehr traurig und weinte; auch wenn er mich ansah, schossen ihm die Tränen in die Augen. In dieser Zeit gab es noch keine Helferseelsorge und er vergrub seine Erlebnisse und Bilder, die er gesehen hatte, in seiner Seele.

Auch Jahre später hatte er oft Alpträume und erwachte schreiend aus dem Schlaf. Ich erlebte das immer wieder mit und fragte meine Oma, warum Opa das macht. Sie erklärte mir nur, dass er schlecht träumte.

Erst nach dem Tod meines Opas wurden die Geschichten seines Lebens erzählt. Die Kriegszeit, die Geburt seines behinderten Sohnes, dieser traumatische Unfall. Ich konnte viele Dinge, die ich mit meinem Opa erlebt hatte, besser verstehen und zuordnen. Es entstand das Bild eines Mannes, der sehr viele Schicksalsschläge erlebt hat und dennoch seinen Humor, seine Lust am Leben und seine Freude an den Menschen nicht verlor.

Einige Jahre später veränderte sich auf einmal die Stimmung zu Hause. Meine Oma war nervös, mein

Opa schlecht gelaunt. Alle waren gereizt und angespannt. Wir konnten nicht mehr so viel lachen miteinander. Ich wusste, irgendwas stimmt nicht, aber niemand erzählte mir, was los war.

Mein Opa sollte andere Sachen essen und bekam ganz viele bunte Hefte vom Doktor. Es hatte mit der Galle zu tun. Damals wusste ich noch nicht, was das bedeutet.

Irgendwann war eine große Aufregung im Haus. Mein Opa sah etwas gelb im Gesicht aus … das war wohl nicht so gut und er wurde ins Krankenhaus gebracht. Meine Oma weinte. Ich weiß, sie weinte ab dieser Zeit sehr viel. Wenn ich in ihre Nähe kam, wischte sie sich immer heimlich die Tränen aus den Augen.

Einmal durfte ich mitfahren ins Krankenhaus. Ich kann mich nicht mehr genau daran erinnern. Das Krankenhaus war ein riesengroßes altes Gebäude. Die Flure waren dunkel und scheinbar endlos lang. Sie hatten polierte Böden, die im dämmrigen Licht der Flurbeleuchtung glänzten. Wenn sie die Türen öffneten, roch es nach Pipi und Bohnerwachs. Mir wurde schlecht von dem Geruch.

An einem Tag war plötzlich alles anders. Alle weinten und die Erwachsenen erzählten mir, dass mein Opa gestorben war. Ich verstand es nicht. Ich konnte nicht verstehen, was das bedeutete. Mein Opa war doch immer für mich da. Wieso ist das jetzt nicht mehr so?

Meine Oma und Mama wollten seine Leiche noch einmal sehen, um sich zu verabschieden. Ich wurde nicht gefragt. Ich wollte unbedingt mit. Ich weinte und schrie, aber das sei nichts für ein Kind, sagten sie.

Dann kam die Beerdigung, diese braune Holzkiste ... von Feuerwehrleuten in Uniform getragen und in ein tiefes Erdloch versenkt. Ich verstand: Mein Opa kommt nicht zurück!

Meine Welt brach zusammen, ich weinte mich jeden Abend in den Schlaf. Meine Oma weinte, meine Mama weinte und mein Papa schrie immer öfter.

Er wurde laut und schimpfte mit meiner Oma und meiner Mama. Wenn es unten laut wurde, kletterte ich aus dem Bett, schlich heimlich auf den Treppenabsatz und lauschte.

Ich hatte große Angst, denn es gab jetzt niemanden mehr, der auf mich aufpasste.

Ich wollte zu meinem Opa!

Er war gestorben – ich wollte auch sterben. Irgendwie musste ich tot werden. Abends in meinem Bett fasste ich einen Entschluss. Wenn man keine Luft kriegt, ist man tot, das wusste ich vom Tauchen im Schwimmbad.

Ich legte mich unter meine dicke Federdecke und zog sie mir über mein Gesicht. Nach einer Weile bekam ich keine Luft mehr und musste die Decke wegnehmen, um atmen zu können.

„Es ist einfach. Ich werde tot. Ich höre auf zu atmen, dann komme ich zu meinem Opa", beschloss ich.

Am nächsten Abend versuchte ich es wieder. Und am folgenden noch einmal.

Ich deckte mich zu, bis über mein Gesicht und wartete. Alles in mir wurde leicht, stieg hoch! Ich flog über meinem Bett und sah den Bezug meiner Bettdecke mit den winzigen Blümchen und Streifen von oben. Ich schwebte eine ganze Weile dort und schaute mich im Zimmer um. Mein Blick richtete sich auf das Fenster und die zugezogenen Vorhänge.
Plötzlich war da ein Licht. Ich befand mich an einem ganz anderen Ort, nicht mehr in meinem Zimmer. Vor mir lag ein beleuchteter Weg, der sich in leichten Windungen in den Himmel wand. Ich lief die ersten leichten Windungen des Weges ganz schnell entlang ... in der Ferne sah ich plötzlich eine Gestalt ... aufgeregt lief ich darauf zu ... es war mein Opa. Ich erkannte ihn sofort. Ich rannte so schnell ich konnte.

Mit einem großen Sprung flog ich in seine Arme. Er schwang mich wild durch die Luft wie früher und lächelte mich mit seinen funkelnden, verschmitzten Augen an. Er sah jetzt gesund und viel jünger aus. Auch sein Gesicht war nicht mehr gelb, das freute mich. „Ich will zu dir und bei dir bleiben. Es gefällt mir daheim nicht mehr", erklärte ich ihm. Er sah mich liebevoll an und erwiderte nichts. Stattdessen nahm er mich in die Arme und hielt mich fest. Als er mich wieder losließ, gingen wir Hand in Hand den beleuchteten Weg auf ein Tor zu. Ich fühlte mich glücklich an seiner Hand. Es war, als tauschten wir Glück miteinander aus ohne Worte. Als wir das Tor erreichten, öffnete es sich. „Du darfst hineinschauen", sagte er. Ich erkannte dort viele Gestalten, die hinter dem Tor, auf der anderen Seite standen und mir zuwinkten ... einzelne Gesichter konnte ich nicht erkennen, aber ich spürte, dass sie mich kannten und sich freuten, mich zu sehen.

So viel Liebe kam von dort aus dem Licht, es war wunderschön. Ich fühlte mich geliebt und geborgen im Schein des Lichtes. „So, jetzt musst du wieder zurückgehen, ich gehe alleine durch die Tür", sagte mein Opa. „NEEEEIN, ich will mit. Ich bleibe bei dir! Ich gehe nicht zurück", rief ich. „Mein Leben ist zu Ende und deins fängt doch gerade erst an. Ich verspreche dir, dass ich dich abhole, wenn du auch hierherkommen darfst, das dauert aber noch. Versprich mir jetzt, dass du zurückgehst", sagte er ganz ernst. An seinem Ton, in dem er sprach, merkte ich, er meinte es sehr ernst. Ich wollte seine Liebe nicht verlieren, also erwiderte ich: „Gut, ich verspreche es dir." Er drückte mich noch ein letztes Mal und verschwand hinter der Tür, die sich direkt hinter ihm schloss ich rüttelte verzweifelt noch einmal daran - ohne Erfolg ... im selben Moment spürte ich, dass ich im Bett war und riss mir mit einem tiefen Atemzug die Decke weg. Die frische Luft fuhr mir in die Lungen und ich wusste, dass ich leben werde.

In dieser Minute beschloss ich, auf mich allein aufzupassen.

Mein Körper war ganz kalt, zitterte und fühlte sich wie erfroren an. Ich blieb noch eine ganze Zeit wach und weinte in meine Bettdecke ...

Die Welt draußen

Nachdem Opa gestorben war, öffnete die Welt draußen ihre Türen. Ich war jetzt in der Schule, hatte meine Wege und Aufgaben. Lernen machte mir Spaß, ich freute mich jeden Tag auf die Schule. Zuhause war ein trauriger Ort, der mich daran erinnerte, was ich verloren hatte.

Die Dinge, die ich sah, die Seelen, meine Träume, die Wesen, denen ich im Wald begegnete, waren meine Geheimnisse. Ich hatte gelernt, darüber zu schweigen und niemanden in mein Vertrauen zu ziehen. Das Ergebnis bisher war ja immer Ablehnung gewesen. Immer wieder hatte ich diese Zurückweisung, das Unverständnis der Menschen gespürt, denen ich mein persönliches Erleben erzählt hatte. Die Angst, nicht „richtig" zu sein, pflanzte sich wie ein spitzer Dorn in meine Seele.

Dennoch fühlte ich mit. Ich spürte, wenn andere Menschen traurig waren. Eine meiner Lehrerinnen war traurig, ich versuchte sie zu trösten. „Warum sind Sie so traurig?" fragte ich. Sie schaute mich sehr verwirrt an und erwiderte: „Ich bin nicht traurig."

Das Blut schoss mir ins Gesicht. Ich hatte etwas falsch gemacht! Ich wollte doch alles richtig machen. Wenn ich mich so geirrt hatte, waren die anderen Dinge, die ich sah und fühlte, sicher auch falsch … ich zweifelte immer mehr an mir.

Als Kind habe ich geglaubt, dass Erwachsene immer die Wahrheit erzählen. Ich wusste nicht, dass Erwachsene manchmal lügen, um ihre Gefühle vor anderen Menschen geheim zu halten. Die Botschaft, die ich von den Erwachsenen erhielt, war: Was du empfindest, ist falsch, ich möchte nicht, dass du darüber sprichst und lass mich in Ruhe. Ich war nicht erwünscht, was ich fühlte, war nicht erwünscht. Daraus resultierte, dass ich meine eigene Wahrnehmung immer anzweifelte. Es gab für mich keine Möglichkeit, meine Wahrnehmung mit einem guten, sicheren Gefühl zu entwickeln. Aus dieser Ablehnung und Unsicherheit heraus entschied ich mich, zu sein wie die anderen. Ich versuchte, das Verhalten der anderen zu kopieren. Mein eigenes Verhalten kontrollierte und überprüfte ich immer wieder. Ich verlor die Spontanität; wer ich wirklich war, verschwamm tief in meiner Seele. Das bestmögliche Ergebnis der Anpassung an die Forderungen meines Umfeldes war das neue Ziel.

Ich lernte, mein Umfeld sehr genau zu beobachten und nahm viele Verhaltensweisen meiner Mitschüler an.

Gleichzeitig gelang es mir gut, meine Wahrnehmungen zu verstecken. Irgendwann war alles wie ein Spuk.

Die Schule war laut und wild. Als kleines ängstliches Mädchen hatte ich keine Chance. So lernte ich, lauter zu sein und mich zu wehren. Ich war jetzt fast wie die anderen Kinder. Es blieb in mir aber immer ein Rest Zurückhaltung. Ich hatte etwas zu verstecken, etwas, das nicht dazu gehörte, das ich nicht zeigen durfte.

Manchmal ging ich mit meiner Oma in den Garten, der ein ganzes Stück von unserem Haus entfernt war. Ich spielte dort mit den Regenwürmern, die ich beim Graben aus der Erde fischte. Sie lagen auf meiner Hand und schlängelten sich hektisch hin und her, um ihrer Gefangenschaft zu entkommen. Ich liebte es, wenn die feuchte Erde mit dem Wurm auf meiner Hand kitzelte. Im Garten neben der Wasserpumpe stand eine alte Badewanne als Wasserspeicher. Ich war auch ein Forscher und versuchte, den Regenwürmern in dieser Wanne das Schwimmen beizubringen. Die Regenwürmer bewegten sich so wunderschön im Wasser. Sie machten diese verschlungenen, schlängelnden Bewegungen, wie ein Tanz. Leider lernten sie das Schwimmen in der Wanne nicht, sondern gingen einfach unter. Die meisten Regenwürmer konnte ich retten und brachte sie nach dem Schwimmen an einen schönen Platz im Garten. Dort durften sie zurück in die Erde kriechen. Ich liebte den Apfelbaum, die Johannisbeeren und den Duft der warmen Erde. Ich konnte mich im Garten stundenlang beschäftigen. Ich durfte mich auf eine alte Decke legen und beobachtete die Wolken. Dann entschied ich mich für ein Picknick, naschte ein paar Beeren, schaute den Schmetterlingen zu und versank in Tagträumen.

Meine Oma hatte im Garten eine Ecke, in der wuchsen Brennnesseln für die Schmetterlinge. Die Nachbarn waren darüber nicht begeistert und wollten das Unkraut lieber weghaben, aber meine Oma blieb da eisern.

In diesen ersten Schuljahren war ich oft in den Anlagen. Eine Möglichkeit, von der Schule nach Hause zu gehen, war der kleine Abstecher durch diese grüne Welt, die ich so liebte. Der untere Weg führte oberhalb von gepflegten Nutzgärten entlang zu einem kleinen Spielplatz. Der Weg lag unterhalb der Hainbuchenhecke meines alten Kindergartens, oft hörte ich noch die Stimmen der Kinder dort oben. Der Umweg lohnte sich immer. Es machte Spaß, noch eine schnelle Runde auf dem Karussell zu drehen oder auf der Umrandung des Sandkastens zu balancieren. Der obere Weg führte unter einem grünen Blätterdach entlang eines steilen, bewachsenen Hangs. Ich wartete, bis die anderen Kinder weiter gegangen waren, kletterte dann ins Gebüsch und fand meine eigenen geheimen Wege durch die steilen Hänge. Ich beobachtete Vögel und Insekten und vergaß alles um mich herum. Der Weg führte an der alten Kastanie, am Kindergartengebäude vorbei.

Der Heimweg von der Schule dauerte oft ziemlich lang. Meine Oma schimpfte mit mir, wenn ich so spät kam. Manchmal schaffte ich den Weg schneller.

Es war ein Schultag nach einer sehr lauten Nacht. Ich hatte nicht viel geschlafen und viel Zeit voller Angst auf der Treppe gesessen, danach mit gespitzten Ohren im Bett gelegen und versucht einzuschlafen. Die Zimmertür hatte ich wie immer verriegelt. Die gleichmäßigen Atemzüge meines Bruders, der mit mir das Zimmer teilte, beruhigten mich. Ich war froh, dass er so einen guten Schlaf hatte und von dem Tumult aus dem Erdgeschoss nichts mitbekam. Auch wenn ich ihn manchmal doof fand und nicht leiden konnte, hatte ich ihn doch lieb. Ich fühlte mich als große Schwester verantwortlich und passte in dieser Situation auf ihn auf.

Die Schule war vorüber. Mein Heimweg durch die Anlagen führte mich an einen meiner Lieblingsplätze. Meine ganze Verzweiflung, die ich während der Zeit in der Schule unterdrückt hatte, kam mit Macht nach oben. Die Tränen schossen aus mir heraus, ich weinte, schluchzte, es gab niemanden, dem ich meine Nöte erzählen konnte. Ich fühlte die Natur, diesen besonderen Ort und bat um Hilfe. Ich weiß nicht wirklich, wen ich um Hilfe gebeten habe, allein die Vögel, die Geräusche der Bäume und der Geruch von Waldboden beruhigten mich.

Ich fühlte eine Ruhe und nahm unter Tränen ein besonderes Licht wahr. Vor Überraschung vergaß ich alles.

Vor mir, in hellem Schein, kam eine Gestalt auf mich zu. Sie blieb direkt vor mir stehen. Sie hatte langes, lockiges, leicht rötliches Haar. Ihr Kopf war von einem strahlenden Lichtkranz umgeben. Sie lachte mich aus vollem Herzen an. Ihr Gesicht strahlte dabei und sie war unglaublich schön. „Ich bin deine wahre Mutter. Wenn du Hilfe brauchst, kannst du immer zu mir kommen", sagte sie. Ich sah die Gestalt mit tränenverhangenen Augen an. In meinem Herzen spürte ich Liebe und Wärme. In meinem ganzen Leben vorher hatte ich diese Liebe noch nie so gefühlt. Wir umarmten uns, es war wie ein ineinander Verschmelzen. Die Wärme und Liebe dieser Erscheinung breitete sich in mir aus. Es war, als tankte ich mich mit diesem Gefühl der Liebe meiner Mutter auf. Sie wurde ein Teil von mir.

Das Gefühl, geliebt zu sein und erfüllt zu sein von Mutterliebe, blieb erhalten. Über viele Jahre hinweg besuchte ich in meinen Notzeiten diesen Ort. Immer wieder spürte ich dann dieses starke Liebesgefühl. Die Wärme, die Nähe und Sicherheit waren sofort da, obwohl die Frau mir nicht mehr sichtbar erschien.

Mit zwölf war ich wieder an meinem „heiligen" Ort. Diese wunderbare Frau erschien mir wieder, wie damals mit ihrem Lichtkranz und ihrer vollständigen Liebe. Ich sog unsere Begegnung in mich auf. Sie sprach zu mir: „Ich werde dich jetzt verlassen, du wirst das nächste Stück ohne mich gehen. Wenn du deinen Weg gegangen bist und deine Aufgaben erfüllt hast, werden wir uns wieder treffen."

Es war ein Schock. Ich verstand das nicht, fühlte mich abgelehnt und verloren.

Schon wieder alleine!

Ich wollte das nicht! Diese Frau, meine wahre Mutter, kam nicht mehr zurück …

Heute weiß ich, dass ich mich damals von der Natur in dieser Form abgewandt habe. Ich hatte die tiefe Verbindung abgelegt, um mich in der materiellen Welt zu behaupten. Meine Wurzeln und meine tiefe Liebe zu allem Sein, die Verbindung zu den Pflanzen, Insekten und allen Lebewesen wurden dadurch gekappt.

Diese Erscheinung sprach nur aus, was ich in mir entschieden hatte. Diese Botschaft kam von einem Ort, an dem das Wissen von Zeit und Realität ein anderes ist. Dort herrscht das Bewusstsein der immerwährenden und allumfassenden Liebe. Zeit spielt keine Rolle. Allein meine Entscheidungen werden respektiert und gelten als meine Realität.

Indem ich mich abgelehnt fühlte, lehnte ich auch die Hilfe dieser Wesen ab. Die Entscheidung dafür lag alleine auf meiner Seite. **Ich** *hatte die Tür zugemacht.*

Später in meinem Leben, wenn ich um Hilfe bat und dadurch die Tür wieder öffnete, waren diese Wesen immer wieder für mich da und halfen mir.

Zeit der Kämpfe

Nach der 4. Klasse wechselte ich in eine Realschule der nächsten Kleinstadt. Dort war ich eine Schülerin von vielen. Niemand wusste etwas über meine Nächte in Angst oder kannte die Geschichte meiner Familie, die mir damals peinlich war.

Meine Mutter mit ihrer Sprachstörung und mein Onkel mit Down-Syndrom, der Friseurbetrieb, der das Familienleben bestimmte. Kein Urlaub, keine Zeit, mein kleiner Bruder, der seine Freizeit auf dem Bauernhof seines Freundes verbrachte und nach Stall roch.

In der Schule war ich sicher und frei. In der Stadt beim Warten auf den Bus gab es die Jugendfreizeitstätte der evangelischen Kirche, mit Menschen, die anders aussahen und anders dachten als die Menschen aus dem Dorf.

Hier durfte ich sein. Es gab viele Angebote für Jugendliche und ich lernte kreative Techniken, Theaterworkshops und durfte mit 13 auf meine erste große Jugendfreizeit nach Frankreich fahren.

Meine Wahrnehmungen hatte ich erfolgreich auf eine Nebenbühne verbannt. Jetzt beschäftigte mich die Pubertät mit allen Hormonwellen, erster Liebe, Flirts und Liebeskummer.

Meine Ziele wurden mir immer klarer und ich arbeitete intensiv daran. Auch auf dem Gymnasium war mir mein Weg klar. Ich wollte Design studieren. Mit diesem Ziel vor Augen arbeitete ich und schaffte es, einige Hürden zu überwinden. Ich verbrachte viel Zeit damit, die Religionen der Welt kennenzulernen und mich mit philosophischen Themen zu beschäftigen. Ich fand viele weise Texte bei den alten Griechen, die in tiefer Resonanz mit meinem Inneren waren, und liebte Hermann Hesse.

Dann verlor ich mein Ziel! Mein Vater wollte, dass ich den elterlichen Betrieb übernehmen sollte. Er eröffnete mir, dass er mich nicht unterstützen würde. Ich dürfte zwar das Abitur machen, aber studieren war für mich nicht erlaubt.

Das war am Anfang der 12. Klasse und es entriss mir jede Motivation und Kraft, diesen schwierigen Kampf in der Schule weiter zu kämpfen. Alles ergab keinen Sinn mehr, meine Zukunft brach vor meinen Augen zusammen. Daraus entstanden große Konflikte. Mein Vater wurde zum Feindbild. Mein Berufsweg war eingeschränkt und ich hatte aus mir selbst heraus keine Kraft, das zu ändern. Ich fand niemanden, dem ich genug vertraute, um meine Situation zu erklären, niemanden, der mich unterstützen konnte.

Danach fühlte ich mich entwurzelt und verraten. Der Mensch, der mich mein Leben lang unterstützt hatte, entzog die Unterstützung, weil ich nicht machen wollte, was er sich für mich vorgestellt hatte. Auf seltsame Weise hatte ich mich auch meinen eigenen Vorstellungen entzogen. Ich war orientierungslos. Ich suchte nach Wegen, die ich gehen wollte, fand aber keine.

So zu sein wie die anderen, erschien mir auch in dieser Krise als eine erstrebenswerte Möglichkeit, da ich ja alle meine eigenen Wege nicht gehen durfte. Es gab andere Menschen mit anderen Verhaltensmustern, an denen ich mich jetzt orientieren wollte. Ich versuchte, verschiedene Lebenssysteme und Typen nachzuahmen. Es war der Versuch, einen neuen Lebensweg für mich zu finden.

Meine Wahrnehmungen hatte ich mit dieser Entscheidung wieder einmal abgelegt. Ich konnte die magische Welt, die mich die ganze Zeit beschützt hatte, nicht mehr sehen.

Den ersten leisen Kontakt mit meinen Sinnen hatte ich, als ich mich mit meinem damaligen Freund auf unserer großen Wohnmobil-Reise rund ums Mittelmeer befand. Wir waren damals mehrere Monate unterwegs. In Griechenland besuchten wir das Orakel von Delphi. Als ich diesen Ort betrat, wurde mir plötzlich schwindlig, der Boden unter mir wurde weich und irgendwie instabil. Mir war kalt und mein Herz schlug wie wild.

Ich stützte mich an den Steinen ab. Zuerst dachte ich, ich wäre krank, hätte zu wenig getrunken oder einen Hitzschlag. Dann merkte ich, dass es etwas anderes sein musste. Als ich mich umschaute, standen dort Gestalten, Menschen mit antiker Kleidung und fremdartigem Aussehen. Es waren auch ganze Gruppen von Menschen, die sich zu verschiedenen Aktivitäten versammelt hatten. Sie erschienen mir mit offenen Augen, in einer Art Lichtwechsel, wie ein ständiger Kameraschwenk von einer Realität in die andere. Dieser ständige Wechsel verursachte das Unwohlsein und die Übelkeit.

Das Orakel von Delphi war ein heiliger Ort mit einer magischen Geschichte. Die Magie war auch heute noch so stark, dass die Kraft der Geschichte dieses Ortes meine selbstgewählte Sperre durchbrach. Ich bat meinen Freund mich alleine auszuruhen zu lassen, um mich zu sammeln. Dann setzte ich mich auf einen Stein am Rande des großen Geländes und erlaubte den Bildern, zu erscheinen ... eine Frau trat zu mir und erklärte mir, wer sie war. Ich erinnere mich leider nicht mehr an die genauen Worte. Als mein Freund zurückkam, war er wirklich besorgt und von meinem merkwürdigen Verhalten verunsichert. Mir selbst waren diese Bilder auch nicht so ganz geheuer, obwohl meine anfängliche Angst gewichen war. Wir verließen diesen Ort schnell und kehrten auch nicht zurück.
In den folgenden Jahren konnte ich mich erfolgreich vor weiteren Wahrnehmungen verschließen.

Das Ferienhaus in Holland

Nach meiner ersten Scheidung, damals mit zwei kleinen Kindern, lernte ich meinen zweiten Ehemann kennen. Eigentlich war es ein Wiedererkennen. Wir kannten uns aus der Kindheit. Wir waren voneinander angezogen, obwohl es von Beginn an Schwierigkeiten gab. Dennoch entschied ich mich, mit ihm einen gemeinsamen Weg zu gehen.

Wir tauschten uns über Gesundheitsthemen aus und konnten wunderbare geistige Gespräche führen. Nach diesem intellektuellen Futter hatte ich mich nach der ersten Ehe wirklich gesehnt, nach einem Menschen, der sich für geistige Dinge interessiert. Ich liebte es, stundenlang zu philosophieren und über die physikalischen Möglichkeiten und Entwicklungen zu reden. Wie funktioniert die feinstoffliche Welt, die Welt der Quanten und Muster? Es war eine Bereicherung und ich lernte immens viel.

Er half mir, mich auf meine Heilpraktiker-Prüfung vorzubereiten und ich bin ihm heute noch sehr dankbar dafür.

Während meiner Ausbildung zur Heilpraktikerin lernte ich die Energiezustände des Körpers kennen. Fülle- und Leere-Zustände, die Meridiane, die Energiezyklen des Körpers, die Organzeiten nach verschiedenen Organuhren. Mit Edelsteinen und der

Kraft der Farbwirkungen hatte ich mich schon lange vorher beschäftigt und intensivierte dieses Wissen. Die Wirkung von Heilpflanzen, die feinstoffliche Wirkung von Kräutern und Düften sind mir seit meiner Kindheit vertraut und vertieften sich.

Heil werden in mir selbst ... auf der Suche nach meinem inneren Frieden, nach körperlicher Gesundheit, für mich und meine Kinder, das war mein Ziel.

In dieser Zeit öffnete ich mich wieder für Wahrnehmungen. Der Wahrnehmung meines eigenen Körpers und der Verbindungen zwischen allem, was um mich ist. Ich meditierte jetzt bewusst und erkannte dabei, dass ich diese Art, mich zu konzentrieren und mich völlig zu entspannen, bereits seit meiner Kindheit praktizierte, ohne dafür einen besonderen Namen zu haben.

Schon als Kind kam ich über die Geräusche der Natur wie Wasserrauschen, Vogelgezwitscher oder über das monotone Geräusch des Föns in einen Zustand besonderer Wahrnehmung ... es war, als ob mein Körper dann irgendwie kleiner würde und etwas in mir sich über mich hinaus ausdehnte. Dieses Gefühl war vertraut und sicher. Was ich dabei erlebte, war schön ...

Diese Erfahrungen kamen mit einem neuen Bewusstsein in mein Leben zurück.

1997 wollten wir mit drei Kindern in ein Ferienhaus in die Niederlande fahren. Wir buchten das Haus privat und holten den Schlüssel direkt in Frankfurt bei den Besitzern ab. Es war ein sehr nettes älteres Ehepaar. Der Mann erklärte uns alles, was wir bei der Ankunft im Haus tun sollten. Er gab uns viele Tipps und versorgte uns mit Vorschlägen für schöne Ausflüge. Als wir endlich aufbrachen, verabschiedeten wir uns sehr herzlich voneinander.

Als der Urlaub begann, machten wir uns mit drei Kindern auf die turbulente Anreise. Wir erreichten unser Ziel, eine sehr schöne, gepflegte Ferienhausanlage. Das Häuschen selbst war gemütlich und praktisch mit einem großen Kamin im Wohnzimmer. Wir fühlten uns vom ersten Moment an sehr wohl und die Kinder nahmen mit Begeisterung ihre Zimmer in Beschlag.

Nach dem Abendessen freute ich mich darauf, gemütlich zu duschen, um endlich in meinen Wohlfühlmodus zu kommen und zu entspannen.

Das Bad war ein schmaler Raum mit einer quer eingebauten Badewanne unterhalb des Fensters. Zum Duschen zog man einen Vorhang zu ... ich zelebrierte diese Vorbereitungen. Die Entspannung stellte sich nach Sekunden unter dem warmen Wasserstrahl ein. Ich war völlig entspannt ... ein merkwürdiges Gefühl, beobachtet zu werden, kam langsam in mir hoch. Ich musste wie gebannt auf das Fenster schauen ... meine Anspannung stieg. Das Fenster war geschlossen, aber eine Kälte kam von dort ...

Ich hatte eine fingerdicke Gänsehaut.

Da trat etwas durch das geschlossene Fenster zu mir in die Badewanne ... es war ein Mann!!!

Der Mann stand in meiner Dusche und schaute mir direkt in die Augen.

Unwillkürlich verdeckte ich meine Brüste und Scham, riss den Vorhang zur Seite und schrie vor blankem Entsetzen aus vollem Hals. Ich war starr vor Angst und leicht panisch. Mein Mann kam ins Bad gestürzt, ich stammelte etwas von einem Mann in der Wanne.

In dem Moment wurde mir selbst die Absurdität der Situation bewusst, es war ja nichts zu sehen. Er zweifelte wahrscheinlich an meinem Verstand, aber er ist auch sehr sensibel für Energien und merkte, dass hier wohl etwas wirklich nicht o.k. war und reagierte verständnisvoll.

Der Mann in der Wanne war eine geistige Erscheinung, die ich körperlich gesehen habe und zwar mit einer solchen Intensität wie noch nie zuvor ... die Gestalt hatte die Wanne nach meinem Schrei mit einem entschuldigenden Blick verlassen und ich spürte auch, dass er mir nichts tun wollte.

Ich zitterte, mir war kalt und alle Sinne waren in Aufruhr. Ich setzte mich mit einer warmen Decke vor den Kamin und erholte mich von meinem Schock. Als ich dazu in der Lage war, erklärte ich meinem Mann dieses Erlebnis noch einmal und er war bereit, sich darauf einzulassen.

Wir saßen am flackernden Kamin und ich konnte die Anwesenheit der Gestalt erneut spüren. Dann sah ich ihn auch wieder. Ich begann, mich mit dem Mann zu unterhalten. Was er denn hier will, fragte ich ihn in Gedanken. Er antwortete: „Ich will nur schauen, ob alles in Ordnung ist." Es war eine schöne, aufmerksame und warme Energie, die von dieser Seele ausging und ich merkte die Freude, die er ausstrahlte, wenn er unser Tun als Familie beobachtete. Jegliche Angst war verflogen, an dieser Stelle hatte sich Wärme und Verständnis ausgebreitet und wir konnten in dieser Nacht ruhig schlafen.

Am nächsten Tag musste mein Mann zum Rezeptionsschalter unsere Gebühren bezahlen ... er kam völlig aufgeregt zurück.

Der Besitzer des Ferienhauses, den wir ja kennengelernt hatten, war gestorben. Es war seine Seele, die uns besucht hatte und nachschaute, ob alles in Ordnung war ...

Seine Seele blieb drei Tage in freundlichem Wohlwollen bei uns und verschwand dann.

Die Seelen der Kinder

Die Seele eines Kindes ist ein Funke aus Liebe, der aus der hohen Sphäre des Lichts und der Liebe auf die Erde kommt.

Als ich zum ersten Mal schwanger wurde, war ich erschrocken über diesen grellen Lichtblitz, der plötzlich in mich hineinfuhr. Es war so außergewöhnlich, dass ich meiner Wahrnehmung nicht glaubte. Ein Licht, wie ein Blitz beim Gewitter erhellte mich von innen, auch mit geschlossenen Augen. In diesem Moment wusste ich, dass ich schwanger bin ... natürlich habe ich es noch angezweifelt und musste es nach der Wartezeit mit einem Test bestätigen, meine Seele und mein Körper waren sich jedoch ab dieser Sekunde sicher, dass ein Kind eingezogen war.

Diesen Lichtblitz nahm ich bei jedem meiner sechs Kinder wahr. Ab dem dritten Kind zweifelte mein Verstand auch nicht mehr. Ich konnte den genauen Moment der Zeugung fühlen.

Bei meinem fünften Kind zog die Seele ein, als ich mich auf einer Autofahrt befand. Ich konnte bei geöffneten Augen plötzlich nichts mehr sehen. Ich war so geblendet von dem Lichtblitz, dass ich Mühe hatte, das Auto auf der Straße zu halten. Zum Glück befand ich mich auf einer wenig befahrenen Landstraße und nach Sekundenbruchteilen war ich wieder vollständig Herrin meiner Sinne.

Voller Schreck hielt ich das Auto am Straßenrand an. Ich überprüfte alle Körperfunktionen, fühlte und tastete mich ab, unsicher, ob ich einen Schlaganfall oder eine andere ernste Attacke erlebt hatte. Nachdem alles an meinem Körper ganz normal funktionierte, war ich beruhigt. Ich fuhr weiter mit der Überlegung, was ich da wohl erlebt hatte. Aufgrund meiner früheren Erfahrungen kam ich zu der Erkenntnis, dass es nur der Einzug einer Kinderseele gewesen sein konnte.

Mein Vater hatte damals ein paar Tage zuvor diese Erde verlassen und mir wurde bewusst, dass diese beiden Ereignisse in Beziehung zueinander standen.

Die Seele dessen, der gegangen war und die Seele dessen, der kommen wollte, hatten noch eine Zeit miteinander verbracht. Eine Zeit des gemeinsamen Austauschs, des Begrüßens und Verabschiedens. Diese Erklärung erhielt ich von der geistigen Welt. In mir spürte ich ein starkes Gefühl von Freude und Liebe.

Diese starken Gefühle des Kommens und Gehens kannte ich von den Fehlgeburten, die ich erlebt hatte. Auch hier sah ich die Seele einziehen ... den Auszug der Seele nahm ich wahr, wie das Löschen einer Kerze. Es wurde dunkel in mir und die kleine Lichtkugel, die sich vorher in meinem Bauch gebildet hatte, war verschwunden.

Das erste Mal, als ich dieses Verlöschen erlebte, war ich noch unsicher und hoffte und bangte bis zum Termin bei der Frauenärztin.

Das Ultraschallbild zeigte diesen kleinen, verlorenen Körper, der bewegungslos in meinem Bauch schwamm. Der Anblick machte mich so traurig. Er sah aus wie ein Astronaut an einem Kabel, verloren im All. Die Sehnsucht nach Leben war so überwältigend. Die anschließende Ausschabung war für mich ein Akt der Gewalt … es war kein Loslassen, sondern ein Beraubtwerden, betäubt und beraubt.

Als später noch einmal eine Kinderseele aus mir auszog, entschied ich mich dafür, den kleinen Körper in Frieden, in meinem Tempo loszulassen.

Meine Unsicherheit und Angst war groß. Die Ärzte erzählen von den schlimmen Gefahren, die es gibt, wenn sich die Plazenta nicht vollständig lösen kann. Ich dachte, wenn ich wirklich Fieber bekomme, kann ich ja immer noch zum Arzt gehen … Es dauerte 7 Tage und mein Körper war bereit, sich von dem toten Embryo zu trennen.

Ich durchlebte eine kleine Geburt mit starken Schmerzen und Krämpfen. Es war nicht besonders angenehm. Als ich dann endlich blutete und mein Körper die Trauer und den Verlust mit Blut beweint hatte, war ich in Frieden mit mir und der Seele des Kindes.

Ich habe viel mit den Seelen dieser Kinder geredet und es gab keine Schuld oder negative Gefühle. Sie waren im Frieden gegangen. Vielleicht war es die falsche Zeit, zu der sie kommen wollten.

Diese Kinder sind jetzt bei mir, als wären sie lebendig und begleiten mich durch mein Leben. Sie wachsen mit und gelegentlich kann ich sie auch sehen. Als Seelenkinder gehören sie zu meiner Familie und sind auf der anderen Seite mit ihrer Liebe und Aufmerksmkeit für mich, ihren Vater und ihre Geschwister da.

Nach den Fehlgeburten hatte ich wirklich Angst, wieder schwanger zu werden. Es war sicher nicht der richtige Zeitpunkt, vielleicht war ich doch schon zu alt. Vielleicht sollte ich mit diesem Mann keine Kinder haben.

Ich suchte verzweifelt nach Gründen und Ursachen. Eine Freundin empfahl mir eine Frau, die mit dem Inneren Kind arbeitete. Ich vereinbarte einen Termin. In der Sitzung konnte ich meine Ängste benennen, einen Ort der Sicherheit und Stärke in mir finden.

Diese Beratung half mir sehr und ich fühlte wieder Hoffnung.

In dieser Zeit hatte ich einen Traum. Ein kleiner Buddha im Lotussitz erschien mir. Er saß in einem wunderbaren Licht in Orange und Gelb und lächelte aus tiefstem Herzen. Er redete freundlich und tröstete mich, es täte ihm leid, dass ich so traurig wäre. Er käme jetzt zu mir und ich sollte mich wieder freuen.

Als er ging, war ich so berührt und in tiefstem Herzen angefüllt mit Liebe. Ich weinte und meine Ängste flossen davon im Strom der Tränen.

Die folgende Schwangerschaft blieb erhalten.

Es wunderte mich immer wieder, wie friedlich dieses Kind war und welche Dinge es liebte. Auch ganz früh schon schien es zu meditieren ... es saß völlig versunken irgendwo und bewegte sich in einer anderen Welt. In der Zeit meiner Kinder-Yoga-Ausbildung übten wir gemeinsam Yoga und es schien, als wären diesem Kind die Übungen vertraut, als hätte es sie schon immer gemacht.

Haus Nummer 57

Mit meinem dritten Mann wohnten wir in dem Haus Nummer 57. Wir hatten uns nach der nervenaufreibenden Scheidung von meinem zweiten Mann entschlossen, in sein kleines Haus zu ziehen. Es war eng und gemütlich und es war eine Zuflucht nach den ganzen Herausforderungen, durch die wir gegangen waren.

Hier kamen auch unsere beiden Kinder zur Welt. Es war eine bewusste Entscheidung. Nachdem ich gemerkt hatte, wie empfindlich ich bei einer Geburt auf Störungen reagiere, wollte ich einen Versuch starten und zu Hause gebären. Mit meiner Hebamme, die mich schon seit Jahren begleitete, fühlte ich mich sicher. Wir hatten ein so tiefes Vertrauensverhältnis, dass ich mich stark genug fühlte, mich auf dieses Erlebnis einzulassen. Mein Mann half mir mit seinem Vertrauen und seiner Unterstützung. Die Erlebnisse dieser beiden Geburten, die tiefe Verbundenheit und Nähe, die ich mit meinen Kindern spüren durfte, sind ein ganz besonderes Geschenk. Die Kinder waren von Anfang an ruhiger und zufriedener und ich empfand eine viel intensivere Verbindung.

Irgendwann wollte ich wieder Menschen behandeln und richtete mir einen kleinen Raum ein. Es waren gute Erfahrungen und meine Klienten bestätigten die positiven Auswirkungen und schickten mir neue Klienten. Es fiel mir auf, dass ich bei diesen Behandlungen immer mehr Bilder und Eindrücke vor meinem geistigen Auge sah. Zuerst hatte ich keinen Mut, von diesen Bildern und Eindrücken zu erzählen. 2011 hatte ich eine Fußpflege-Kundin, die mir von ihrer Mutter erzählte. Während ihrer Erzählung hatte ich Eindrücke von der Mutter und dem Problem, das dieser Geschichte zugrunde lag. Ich fasste all meinen Mut zusammen und traute ich mich zum ersten Mal, von meinen Bildern zu erzählen.

Es war so tief bewegend, die Bestätigung zu bekommen und die Lösung einer schwierigen Lebenssituation durch meine Wahrnehmungen zu erleben. Als ich die erklärenden Worte aussprach, dachte ich, mein Hals explodiert und ich sterbe, sobald ich es ausgesprochen habe. Das ist Gott sei Dank nicht passiert …

Stattdessen kamen andere Menschen zu mir und ich konnte ihre Seele über die Bilder, die ich sah erreichen. Ihre Tränen waren ein sicheres Zeichen für die Tiefe ihrer Erfahrungen. Meine Klienten bestätigten mir, wie befreit und erleichtert sie sich nach unserer Sitzung fühlten.

Die geistige Welt, meine Engel und Ahnen führten mich bei dieser Arbeit. Wenn ich bereit war für den nächsten Schritt, erschien die nächste Herausforderung.

Bei einem Hausbesuch nahm ich zum ersten Mal eine fremde Seele wahr, die sich im Körper der Klientin versteckte. Es fühlte sich an wie eine dunkle schwere Masse. Ich legte die Hände auf den Bauch der Frau. Ich schickte durch meine Hände die Kraft der Liebe, die Hilfe der Engel konnte ich dabei spüren. Erst bewegte sich nichts. Es war ein Kräfteringen. Ich hielt die Seele gebunden an meine Hände. Irgendwann gab es einen Ruck und ich fühlte eine Bewegung.

Es war das Gruseligste, was ich bis dahin erlebt hatte. Zwischen meinen Händen erhob sich diese Seele in Farbe und lebensecht. Dieses unleidliche Wesen, ein Mann, stieg direkt an meinem Gesicht vorbei nach oben. Die Seele stieg auf und waberte praktisch vollständig durch mich hindurch, durch meinen Unterkörper, meinen Bauch, Brust und sogar durch meinen Kopf. Ich versuchte, meinen Kopf etwas nach hinten zu drehen, aber ich konnte diesen Kerl wirklich riechen. Das war so gruselig, ich hätte am liebsten schreiend losgelassen, aber ich hatte Angst, der fiese Kerl rutscht zurück und alles beginnt von vorne. Als er endlich weg war, zitterte ich vor Aufregung am ganzen Körper und brauchte eine Pause.

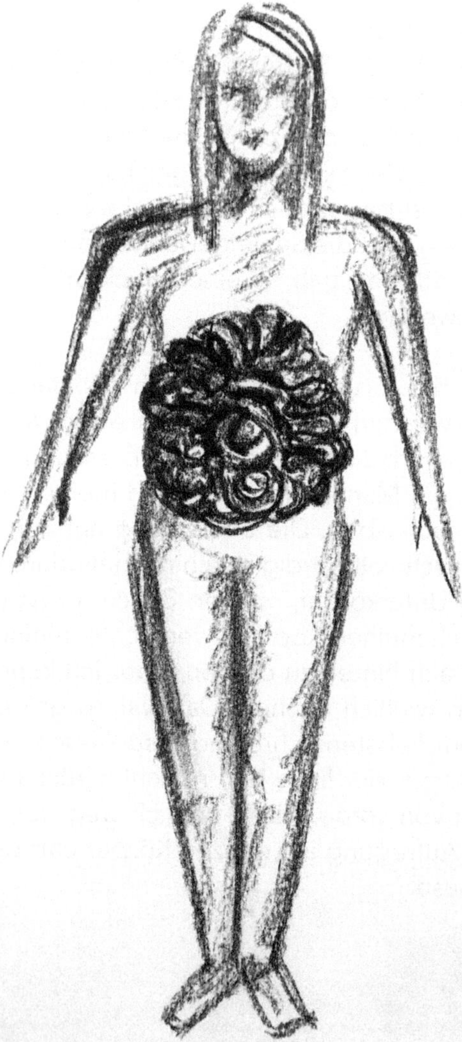

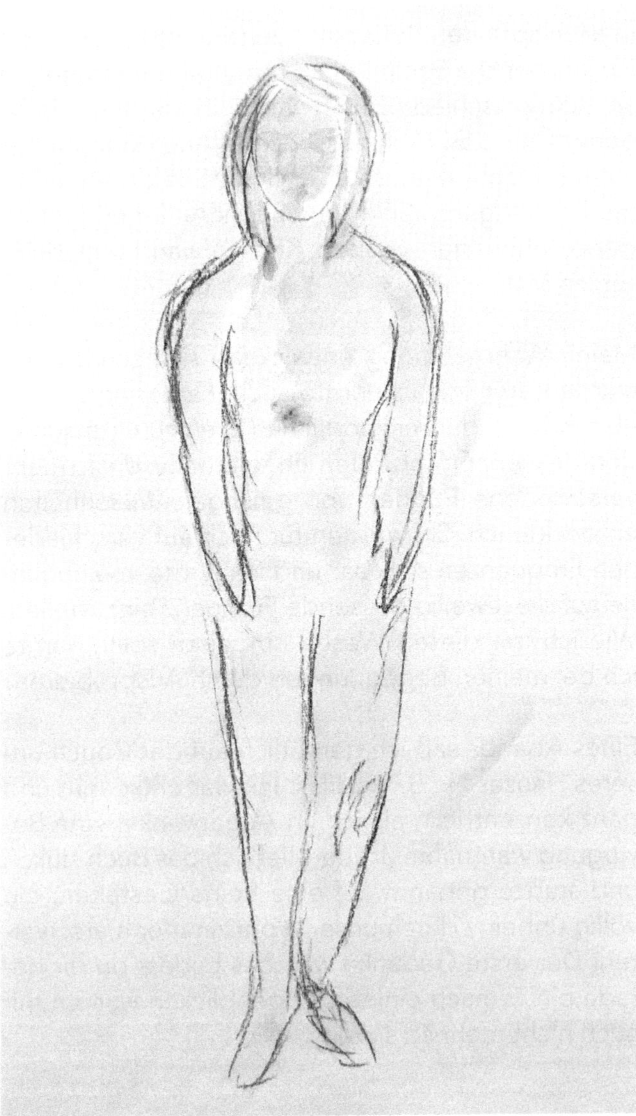

Bilder vor und nach einer Behandlung.

In allen späteren Behandlungen war es leichter und ich sah mir die Seelen nicht mehr ganz sooo genau an. Ich entschied: Ein etwas distanzierterer Blick genügt für den Heilungsprozess. Auch war ich mir meiner Macht bewusster und die Seelen verließen die Körper ganz leicht, durch das Auflegen meiner Hand, ohne den großen Kraftaufwand wie beim ersten Mal.

Meine Wahrnehmung entwickelte sich schnell. Sie wurde klarer und ich lernte auch, Fantasien von realen Bildern der feinstofflichen Welt zu unterscheiden. Je mehr Erfahrungen ich sammelte, desto mehr verschiedene Formen von geistigen Wesenheiten entdeckte ich. Sie wurden für mich auf verschiedenen Frequenzen sichtbar und ich lernte, meine Sinne auf die jeweilig passende Frequenz einzustellen. Wie ich mit diesen Wesen umgehen sollte, lernte ich bei meinen Begegnungen durch Ausprobieren.

Eines Abends saß ich gemütlich auf der Couch unseres Hauses Nr. 57 und las. Ich war entspannt und ganz konzentriert, als ich im Augenwinkel eine Bewegung wahrnahm. Irritiert ließ ich das Buch sinken und starrte gebannt auf eine Reihe Gestalten, die völlig unbeirrt durch unser Wohnzimmer marschierten. Der erste Gedanke war, das bildest du dir gerade ein … nach einigen Augenblicken war ich mir auch nicht mehr so sicher.

Einige Zeit verging. Die Gestalten erschienen an bestimmten Tagen jedoch immer wieder. Wie beim ersten Mal schritten sie dabei, bedächtigen Schrittes durch unser Wohnzimmer. Da wusste ich, es war keine Einbildung.

An einem Sommerabend saß ich mit einer Freundin abends bei Kerzenschein und einem Glas Rotwein auf der Terrasse. Es war Vollmond und die Gestalten gingen wieder an uns vorbei. In ihren hellen langen Gewändern zog die Prozession in einer langen Reihe hintereinander die steile Gartentreppe hinauf. Meine Freundin blickte in die Richtung der Gestalten und bemerkte trocken: „Ganz schön viel los bei dir." Ich schaute sie an und wusste ab diesem Augenblick, es gibt noch andere Menschen mit dieser Wahrnehmung. Ich hatte mir die Gestalten nicht eingebildet.

Dieser Moment war einer der wichtigsten meines Lebens. Ich bin nicht allein! Es gibt noch jemanden, der solche Dinge sieht. Wir unterhielten uns über die Gestalten. Eine neue Ebene des Verständnisses und des Austauschs miteinander begann.

Eines Abends, als die Prozession wieder vorbeizog, fragte ich einen der Männer, warum sie dort entlangliefen. Er erklärte mir, dass oberhalb, auf der Höhe, ein Heiligtum sei. Sie erfüllten dort ihren Dienst. Ich fragte den Mann, mit dem ich sprach, ob er nicht lieber ins Licht gehen wolle. Er erklärte mir, dass es wichtig sei, die Energie dieses Ortes zu erhalten und deshalb erfüllten sie weiter ihren heiligen Dienst.

Der genaue Ort ist wohl irgendwo auf der anderen Seite der Autobahn. Dort wurden auf einem Feld bei Ausgrabungen Relikte einer alten Kultstätte gefunden. Ich stellte mir vor, wie es ist, wenn an Neumond oder Vollmond oder an besonderen Tagen diese Gestalten in einer langen Reihe über die Autobahn marschierten.

Nach der Unterhaltung war ich etwas sicherer geworden. Ich war jetzt überzeugt von der Friedlichkeit dieser Seelen. In einer der folgenden Nächte brachte ich genug Mut auf, den Anführer anzusprechen. Ich erwies meine Ehre, indem ich mich vor ihm verbeugte. Er erwiderte den Gruß. Ich fragte, ob es möglich wäre, die Aufstiegsroute der Prozession zu ändern. Ich schlug vor, den Weg über den Garten zwischen diesem und dem Nachbarhaus zu benutzen. Der Weg über unsere Terrasse und die Gartentreppe bliebe ja weiter erhalten. Der bisherige Weg durch unser Wohnzimmer sei für mich doch recht anstrengend und führte zu schlaflosen Nächten. Er zeigte Verständnis und versprach, mit der Prozession einen anderen Weg einzuschlagen.

In der Folgezeit kehrte Ruhe in das Wohnzimmer ein. Wir blieben von nächtlichen Prozessionen verschont.

Wenn ich den Priestern und Priesterinnen danach auf der Terrasse begegnete, bedankte ich mich jedes Mal und wir erwiesen uns gegenseitig die Ehre.

In der Kirche

In dieser Zeit begann ich, öfter eine Freikirche zu besuchen. Ich hatte das Bedürfnis, ein mentales Zuhause zu finden, um mit meinen Bildern und Eindrücken nicht alleine zu stehen. Ich konnte die sehr hohe Energie in den Gottesdiensten wahrnehmen.

Während die Musik spielte, sah ich unglaubliche Bilder. Ich bat die Engel um Hilfe und Unterstützung und die Himmel öffneten sich und ich sah die Chöre der himmlischen Engel auf vielen Etagen über mir, wie in einem riesigen Amphitheater ... diese Liebe und Macht des Himmels waren anwesend und oft weinte ich vor Glück und Liebe, die ich durch die Engel empfing.

Die Gemeinde und die Band spielten und sangen oder die Pastoren erzählten vom Heiligen Geist. Ich nahm dann eine ursprüngliche, starke, weibliche Kraft wahr, die sich wie eine helle, wellenartige Woge in dem Gebäude ausbreitete. Diese Kraft blieb oft bis zum Ende des Gottesdienstes.

Ich dachte, ich wäre an einem sicheren Ort für mich angekommen. Als ich begann, von meiner Arbeit als Heilpraktikerin zu erzählen und von Homöopathie oder Yoga und Meditation, wurde die Sache plötzlich ungemütlich.

Ich müsste dem Teufel und allen dunklen Mächten abschwören, dürfte keine Buddha-Figur zu Hause haben … und noch so einiges.

Meine höchste Instanz war und ist Gott oder Spirit oder Alles was ist … Jesus ist für mich der Mensch, der die Welt an die Kraft und die Macht der Liebe erinnert hat.

Gebt dieser Kraft den Namen, den ihr wollt. Es ist Etwas und ein Ort. Es ist die Quelle, die uns sprudelnd in die Welt spuckt und das Meer, das uns sanft und geduldig wieder aufnimmt.

Die Kraft, die mich begleitet, immer wieder auf den Weg bringt und meine Kräfte erneuert, ist die Liebe. Die Liebe zum Leben, zur Schöpfung und den Menschen. Es ist in unserer Kultur unglaublich schwer, immer wieder die Entscheidung für die Liebe zu treffen, den Weg des Vertrauens zu gehen und JA zu sagen zum nächsten Schritt, zur nächsten Erfahrung.

Die Natur als wahre Schöpfung, als Ausdruck des Lebens ist meine Tankstelle, Waschanlage und letztlich auch die Kraft, die meinen Motor immer wieder in Bewegung setzt. Es ist die Erde mit den Erdkräften, dem Wasser, dem Boden und der Sonne, die mich ernährt, füttert und trägt. Es ist das Sinnbild der Mutter, der wir in unserer Kultur keine Achtung und keinen Respekt mehr erweisen.

Wir haben den Schoß vernichtet, der uns geboren hat, die Hand, die uns füttert und den Arm, der uns trägt. Wohin führt uns dieser Weg? Wer gibt uns Nahrung? Wer trägt uns? Wer gibt uns Geborgenheit?

Am Beginn meiner persönlichen Reise bat ich um Führung und versprach, mir selbst, meiner Wahrnehmung zu vertrauen. Es gibt für mich in diesem Prozess keine Alternative. Entweder ich vertraue meiner Wahrnehmung oder ich vertraue nicht.

Es gibt kein selektives Vertrauen; ich kann nicht darüber verhandeln, ob ich die eine Wahrnehmung akzeptiere, weil sie in das gesellschaftlich vorgegebene Bild passt, und die andere Wahrnehmung lehne ich ab, weil es gesellschaftlich oder kulturell nicht sein darf. Wenn ich vollständig im Vertrauen und in der Liebe bin, ist mein Energiefeld positiv und ich nehme wahr, was IST.

Wenn ich von meinen Ängsten geleitet werde, sehe ich die Angstprojektionen der Menschen. Die Welt der Angstprojektionen ist schrecklich. Sie werden von den Menschen gefüttert und können dadurch große Kraft gewinnen. Es sind jedoch nur Projektionen!!!
Wenn ich mich auf meinen Ursprung besinne, kann keine Projektion mir jemals etwas anhaben. Denn mein Ursprung, der Ursprung JEDES Menschen ist LIEBE.

Liebe und Angst sind Gegensätze. Da wo Liebe ist, kann Angst nicht existieren. Dieses tief verankerte Bewusstsein der Liebe ist der Schlüssel zu dieser umfassenden Welt, in der ich mich bewege.

In einem Heilungsgottesdienst saß ich alleine in einer Reihe in einem Block von 50 Plätzen, um mich waren alle Plätze frei. Plötzlich näherte sich ein Pärchen, eine sehr kleine asiatische Frau. Sie war im Stehen etwas größer als ich im Sitzen. Ihr männlicher Begleiter war Europäer und hatte eine Gehbehinderung. Die Frau setzte sich direkt neben mich. Wir kamen ins Gespräch und ich fragte sie, ob ich für sie beten darf. Sie erzählte, dass sie Anfälle bekam, sie wurde dann ganz schwach und zitterte. Durch diese Anfälle konnte sie nicht arbeiten, denn sie kamen völlig unkontrolliert und sie war während der Anfälle völlig hilflos. Sie war schon bei vielen Ärzten gewesen, aber niemand konnte etwas Konkretes finden. Ein Freund hatte sie heute zu diesem Heilungsgottesdienst begleitet, sie wollte die Hoffnung nicht aufgeben, geheilt zu werden.
Sie erlaubte mir, für sie zu beten … als die Musik begann, konzentrierte ich mich auf die Frau. Ich fragte meine Engel nach der Ursache ihrer Beschwerden und bat um Heilung. Es erschienen Bilder ... Bilder wie in einem Film. Sie waren nicht vergleichbar mit allem, was ich vorher gesehen hatte.

In der geistigen Welt habe ich keine Angst und bin dort beschützt … aber **das** hatte ich nicht erwartet! Aus der Ferne flog etwas auf mich zu. Es war mächtig und angsteinflößend. Riesige Schwingen bewegten sich auf mich zu. Ein weit aufgerissener Schnabel, ein Gesicht mit einer grauenhaften Fratze versuchte mich anzugreifen. Es war ein Vogeldämon ... er flog immer neue Kreise auf mich zu und bedrohte mich.

Im ersten Moment blieb mein Herz vor Schreck fast stehen. „O.k., das ist neu...", dachte ich. Einen echten Dämon hatte ich bis zu diesem Augenblick noch nicht gesehen, nur als Bilder oder als steinerne Figuren auf irgendwelchen Kirchen oder Tempeln. Im ersten Moment wusste ich nicht, ob ich lieber schreien oder weglaufen sollte ... beide Ideen waren in der Kirche wohl nicht so gut.

Ich schaute den Dämon direkt an und versuchte ihn zu vertreiben. Damit war ich beschäftigt, bis ich erkannte, dass dies ein Geschöpf eines Menschen ist. Hinter diesem Dämon stand jemand, der ihn erschaffen hatte.

In der geistigen Welt ist jeder an das gebunden, was er erschafft. Wenn jemand Magie erschafft, ist er an seine Schöpfung so lange gebunden, bis er sie widerruft und sich davon löst.

Ich bewegte mich direkt auf den Dämon zu und zog in Gedanken an der Schnur, die dieses Gebilde mit seinem Schöpfer verbindet. Dazu musste ich durch die Gestalt des Dämons hindurch greifen. Es war der Moment, meine Angst zu überwinden und darauf zu vertrauen, dass mir nichts passiert. Ich hielt den Atem an, schloss kurz die Augen und … der Dämon war verschwunden. Vor mir tauchte ein Mann auf … asiatisch. Er wusste nicht, was ich von ihm wollte … er war so real, als würde er vor mir stehen.

Anscheinend sah er mich in irgendeiner Form auch. Wir musterten uns. Es gab einen kurzen Machtkampf, in dem ich ihn aufforderte, die Magie für diese Frau loszulassen. Er war irgendwie irritiert davon, dass ich da war und führte mich in seine Hütte. Es gab keinen Widerstand.

Es gab Regale mit Beuteln und Behälter aus Blech. In einem dieser Behälter lag so etwas wie Fasern, irgendetwas Geschrumpeltes, Federn und etwas, das aussah wie Stoff. Er zeigte es mir, nahm es mit nach draußen. Ich beobachtete, wie er es ins Feuer warf und es mit einer blauen Stichflamme verbrannte.

Ich sah die Frau vor mir. Um sie waren magische Seile gewunden. Die Seile schimmerten in einer weiß-bläulichen Farbe. Sie war viele, viele Male umwickelt und ihre Körperenergie war mit diesen Seilen gefesselt.

Während des Gottesdienstes wickelte ich jetzt diese magischen Seile ab, wickelte und wickelte.

Es waren sehr viele Schichten. Endlich waren alle Seile abgewickelt. Die Energie der Frau war befreit und ich fühlte mich, als hätte ich einen Dauerlauf gemacht. Ich war sehr aufgeregt und körperlich erschöpft.

Am Ende des Gottesdienstes erzählte ich der Frau von den magischen Seilen, den Vogeldämon behielt ich sicherheitshalber für mich. Sie erzählte mir von ihrem kleinen Dorf in Sri Lanka. Die Leute dachten, sie hätte das zweite Gesicht. Auch ihre eigene Familie dachte das. Sie hatten große Angst vor ihr und führten sie als Kind mit etwa 12 Jahren zu einem Schamanen. Die ganze Familie kam mit. Sie musste sich mit verbundenen Augen vor den Schamanen stellen. Sie wurde festgehalten und ihre Hände wurden verbunden.

Ein Huhn wurde geschlachtet und der Mann ging mit dem Huhn im Kreis um sie herum, immer und immer wieder und murmelte die ganze Zeit etwas. Die gesamte Zeremonie dauerte mehrere Stunden … kurz nach dieser Zeremonie fingen ihre Anfälle an.

Sie war sehr froh über meine Hilfe und ich sprach ihr Mut zu. Wir verabschiedeten uns herzlich mit vielen Segenswünschen.

Danach besuchte ich dort keine Gottesdienste mehr. Meine Gabe passte nicht dorthin. Ich wollte weder mich noch die Gläubigen dort anlügen oder in Gewissenskonflikte bringen.

Ich wollte einfach nur zu meiner Wahrnehmung und damit zu mir und meiner Gabe stehen.

Tiere

Als Kind auf dem Land aufgewachsen, hatte ich immer Kontakt mit Tieren. Als mein Onkel im Keller einer Gastwirtschaft ein kleines Herbstkätzchen fand, zog ich es auf, pflegte es. Als es sich eine schlimme Verletzung am Bauch zuzog, wusste ich intuitiv, was zu tun war und das Kätzchen wurde wieder ganz gesund. Das war auch bei manchen anderen Tieren so. Ich konnte ohne Worte mit ihnen kommunizieren und nahm wahr, was sie gerade brauchten, was sie störte oder was ihnen gefiel. Es fühlte sich an, als strömte dann ein warmer Strahl aus mir heraus zu dem Tier und wir waren über diesen Strahl miteinander verbunden.

Diese Gabe geriet in Vergessenheit. Erst als ich begann, mit Menschen zu arbeiten, veränderte sich das wieder.

Die Menschen, die zu mir kamen und meine Wahrnehmungen kennen lernten, baten mich gelegentlich, ob ich nach ihren Tieren „schauen" könnte. Sie erzählten mir von dem Problem ihres Tieres und manchmal hatte ich ein inneres Bild, das die Ursache des Problems zeigte. Manchmal war es auch der Name einer Pflanze oder der Rat, einen Tierarzt hinzuzuziehen.

Eine Bekannte bat mich, zu ihrem Pferd zu kommen. Ich war neugierig, ob meine Wahrnehmung auch bei Pferden funktionieren würde und willigte ein. Ihr Pferd hatte volle tierärztliche Behandlung erhalten und lahmte immer wieder am linken Vorderbein, obwohl keine Verletzung festzustellen war.

Ich näherte mich und ließ den Wallach schnuppern. Um einen Einblick auf das Gangbild zu bekommen, ließ ich ihn eine Strecke führen. Er stand dann vor mir und ich legte die Hand auf den Widerrist, auf die linke Schulter und absteigend an verschiedene Stellen. An der Schulter fand ich die Ursache für das Problem. Der Muskel war verhärtet. Ich fühlte Angst. Durch meine Hände floss Wärme und Entspannung, ich sah vor meinem geistigen Auge einen Fehltritt, einen großen Schreck und die Angst, wieder falsch aufzutreten. Durch meine Hände entspannte sich die Muskulatur, durch meine Augen flossen Tränen des Schmerzes und der Angst, wie durch einen Kanal. Das Pferd war dabei sehr entspannt, die Unterlippe hing herab und zitterte etwas. Die Augen waren halb geschlossen.

Ich zog meine Hände zurück. Das Pferd führte seinen Kopf in eine sehr unnatürliche Stellung. Erst in eine extreme Streckung nach oben, dann zwischen die Vorderbeine. Er dehnte das linke Vorderbein und schüttelte sich dann. Wir überprüften das Gangbild durch erneutes Führen. Das Lahmen war tatsächlich verschwunden.

Eine andere Reiterin erzählte mir von Problemen mit ihrem Pferd. Sie hatte das Pferd erworben, weil es gut ausgebildet war. Beim Reiten jedoch gab es immer große Schwierigkeiten. Das Pferd folgte nicht ihren Anweisungen. Sie hatte Kolleginnen reiten lassen, um herauszufinden, ob es an ihr läge. Das Pferd verhielt sich immer gleich. Nach dieser Erzählung hatte ich nicht viel Hoffnung, sagte jedoch zu, mir die Sache einmal anzuschauen.

Ich besuchte sie und das Pferd am Stall. Am Anfang führte sie es und ich konnte nichts erkennen. Als sie sich jedoch auf das Pferd setzte, sah ich schlagartig, was vor sich ging. Auf dem Pferd saß noch ein zweiter Reiter!!!

Ich rieb mir wirklich die Augen .... Jedes Mal, wenn die Reiterin einen Befehl gab, gab der zweite Reiter (ein Mann) einen anderen Befehl. Das Pferd wusste dann nicht genau, was zu tun war. Meistens folgte es dem Befehl des Reiters, manchmal blieb es stehen, nur selten folgte es dem Befehl der Reiterin.

Der Reiter war die Seele eines Verstorbenen.

Tiere nehmen diese Seelen ebenso wahr wie ich. Sie reagieren auch genauso darauf, als wären sie sichtbar. Die Reiterin stieg vom Pferd und fragte mich, ob ich etwas wahrnehmen konnte. Ich zögerte erst ... es war vielleicht doch etwas zu gewagt ... dann erzählte ich ihr meine Wahrnehmungen.

Sie wurde kreidebleich! Das Pferd hatte vorher einem sehr guten Reiter gehört, der gestorben war. Anscheinend hatte die Seele des Mannes so große Sehnsucht nach seinem Pferd, dass er jetzt als „Geisterreiter" einfach bei jeder Gelegenheit mitritt.

Ich schaffte es, mit der Seele des Mannes Kontakt aufzunehmen und er konnte dann das Pferd endlich in die guten Hände der Reiterin übergeben.

Die Frau meldete sich nach einiger Zeit noch einmal zurück und bestätigte, dass sie nun keine Probleme mehr mit ihrem Pferd habe und es sich ganz normal reiten ließe.

Ein ganz normaler Tag

Notruf

An einem schönen Sommertag verbrachte ich mein Mittagsschläfchen im Liegestuhl auf der Terrasse. Ich döste so vor mich hin, als ich eine Stimme hörte. Ich sah auf, es war niemand da. Ich hatte die Stimme laut und deutlich gehört. Es war die Stimme einer Frau. Ich schaute mich um und erkannte, die Stimme hatte ich nur im Inneren wahrgenommen. „Komm schnell, du musst meiner Schwester helfen", sagte die Stimme.

In dem Zustand zwischen Schlafen und Wachen folgte ich der Aufforderung in meinem Geist. Ich sah eine junge Frau in Sportkleidung, mit einem Pferdeschwanz, an dem hohen Zaun einer Sportanlage entlang joggen. Alles glich einem Film, in dem ich jedes Detail ihres Gesichtes und ihrer Kleidung erkennen konnte. Plötzlich drückte sie sich ihre Hand auf den Brustkorb. Mit einem panischen Blick und vor Angst aufgerissenen Augen presste sie ihre Hand auf ihre Herzgegend. Ich fühlte ihre Panik und ihren Schreck, konnte beobachten, wie sie vor Schmerz zusammen sackte.

In diesem Moment überlegte ich fieberhaft: Was sollte ich tun? Ich konnte ihren Schmerz fühlen. Auf ihrer Brust nahm ich einen dunklen Schatten wahr.

Es war wie ein dicker Stein, der auf ihrem Brustkorb lag und auf ihr Herz drückte. Ich empfand Liebe und schickte diese Liebe und Schutz und Segen zu ihr. Mit der Kraft meiner Gedanken, die sich wie eine helle Hand zu der Frau bewegten, löste sich der dunkle Schatten von ihrer Brust. Die Dinge, die ich in den Sitzungen vor Ort getan hatte, konnte ich anscheinend auch in großer Entfernung tun. Die Frau richtete sich auf und ging langsam weiter. Ihre Gesichtszüge hatten sich etwas entspannt. Die Unsicherheit und Angst war noch zu spüren. Es drohte jedoch keine akute Gefahr mehr und ich konnte meine Aufmerksamkeit von ihr abwenden. Mit allen Sinnen befand ich mich jetzt wieder auf meiner Liege auf der Terrasse. Nachdem ich mich von dem Schreck und der Aufregung etwas erholt hatte, grübelte ich vor mich hin. Wer hatte mich in dieser Notsituation gerufen? Wer war diese Frau, die ich dort beobachten konnte? Ich hatte ihr Gesicht ganz genau erkannt. Diese ganze Wahrnehmung war so klar und lebensecht gewesen. Es gab für mich keinen Zweifel daran, dass diese Situation wirklich passiert ist. Vielleicht würde ich die Frau irgendwo einmal treffen, ich wünschte es mir sogar, da es meine Wahrnehmungen bestätigen könnte. Ich verwarf den Gedanken an eine Aufklärung jedoch recht schnell und vergaß das Ereignis bald, im Strudel meiner alltäglichen Geschäftigkeit.

Einige Wochen später kam eine junge Frau zu einer Behandlung. Ihre Schwester hatte vor einiger

Zeit eine Sitzung mit mir erlebt. Die junge Frau besuchte nun ihre Schwester und hatte ebenfalls eine Sitzung mit mir gebucht. Sie war Studentin, schlank und sehr sportlich. Im Laufe des Gesprächs erzählte sie mir von einem Vorfall, den sie vor einigen Wochen beim Joggen erlebt hatte. Sie war vor Schmerz in der Brust zusammengezuckt und konnte nicht atmen. Die Angst und Unsicherheit, die aus dieser Attacke entstanden war, brachte sie dazu, sich Hilfe zu suchen. Sie hatte eine Menge ärztliche Untersuchungen durchführen lassen, die jedoch zu keinem Ergebnis kamen. Die Ärzte hatten ihr bestätigt, dass sie vollständig gesund sei. Ihr persönliches Gefühl zu dieser Situation war anders, deswegen saß sie jetzt bei mir. Während sie vor mir saß und erzählte, betrachtete ich sie genau. Sie trug elegante Kleidung und die offenen Haare waren ordentlich frisiert. Ihr Gesicht kam mir bekannt vor, obwohl ich 100% sicher war, ihr noch nie vorher begegnet zu sein. Schlagartig erinnerte ich mich an die Frau aus der Mittagspause und betrachtete ihr Gesicht jetzt noch einmal genauer. Sie trug damals einen Pferdeschwanz, aber ich erkannte das klassische Profil und die Gesichtszüge der Frau aus meiner Pause. Ich zeigte ihr meine Aufzeichnungen von dem Tag und sie bestätigte das Datum und die Beschreibung des Ortes.

Der Mönch

Eines Mittags stand ich in der Küche und briet gerade Bratkartoffeln. Es war laut vom Geräusch der Dunstabzugshaube und dem Fett, das in der Pfanne spritzte. Ich merkte, dass sich hinter meinem Rücken etwas veränderte ... eine Gänsehaut zog über meinen Rücken. Ich drehte mich um ... ein neuer Raum in der Küche hatte sich geöffnet. Es war ein Raum, völlig anders als die Räume in dem Haus, er zeichnete sich verschwommen ab und ich fühlte die Liebe, die in diesem Raum war. Ich drehte den Herd ab und nahm die Kartoffeln runter, das war etwas Großes ... Das Schemenhafte verschwand und die Einzelheiten des Raumes wurden immer klarer erkennbar. Ich blickte in eine Art Säulengang, wie er in Klöstern vorkommt. Ich beobachtete einen Mann mit einem orangeroten Gewand und einer Brille. Er sah aus wie ein buddhistischer Mönch. Der Mann griff sich an sein Herz und brach zusammen, seine Brille rutschte von der Nase. Ich fühlte seinen Hilferuf, sah den erschreckten Ausdruck seines Gesichtes. Er versuchte, auf sich aufmerksam zu machen, aber es war niemand in der Nähe.

Ich weiß nicht, warum ich ihn sehen konnte. Ich hatte die letzten Tage eine Meditation gemacht, um mich mit dem Frieden zu verbinden. Vielleicht hatte diese Frequenz des Friedens zu dieser Wahrnehmung geführt. Auf jeden Fall war jetzt Eile angesagt. Ich sah eine schwarze Hand auf der Brust des Mannes.

Sie war wie zu einer Faust geballt und zog sich immer stärker zusammen. Ich konnte fühlen, wie der Brustkorb des Mannes zusammengepresst wurde. Kälte und Angst waren da. Meine hellen Lichthände konnten den Mann erreichen und die schwarze Faust löste sich langsam von der Brust. Die Schwärze auf der Brust löste sich auf, der Druck ließ nach. Die Farbe wechselte zu einem hellen feurigen Rot, das in wilden Spiralen durch seine Brust kreiste. Die wilden roten Spiralen entfernten alle dunklen Flecken, die Blockade löste sich. Ich flehte alle Engel und Helfer des Himmels herab und bat um Schutz und Segen.

So stand ich da, mit segnend erhobenen Händen und der Küchenschürze um die Hüfte, mitten in der Küche. Dabei starrte ich den imaginären Ort auf dem Fußboden an, an dem sich meine Wahrnehmung zeigte. Andere hätten dort nur beigefarbene Küchenfliesen gesehen. Ich war froh, dass mich gerade niemand beobachtete. Ich blieb mit meiner Aufmerksamkeit und meinem Schutz bei diesem Mann. Ich sah sein angstvolles, schmerzverzerrtes Gesicht und die schief hängende Brille, die irgendwann zu Boden fiel. Meine Gedanken waren bei diesem Menschen mit dem Versuch, Vertrauen und Zuversicht zu senden. Die Minuten zogen sich in die Länge. Durchhalten! Die Zeit dehnte sich zu einem langen zähen Gebilde. Eine gefühlte Ewigkeit später erschienen andere Mönche und eilten dem Mann zur Hilfe. Ich atmete tief durch. Die Anspannung ließ etwas nach. Der Mann war gerettet, er wurde versorgt.

Die Berührung mit diesem Menschen hinterließ bei mir ein Gefühl des Friedens. Ich hatte noch nie zuvor einen solchen Menschen getroffen. Der Mann musste eine ganz freundliche, friedvolle Persönlichkeit sein.

Ich war tief berührt und ich brauchte einige Minuten, um zu meinen Bratkartoffeln zurückzukehren.

Regeln

Meine Kinder besuchen eine Freie Schule und ich fahre sie dort hin. Diese Autofahrten auf gewohnten Wegen sind gute Möglichkeiten, die Gedanken fliegen zu lassen. Manchmal habe ich während der Fahrt auch Wahrnehmungen oder erhalte sogar Botschaften.

Einmal konnte ich viele Menschen eines Naturvolks sehen. Sie standen neben mir und beobachteten mich. Es waren mindestens zwanzig Menschen. Das war sehr schwierig, sich bei diesem Besuch auf die Autofahrt zu konzentrieren.

Manchmal höre ich auch einfach nur Radio und will von der geistigen Welt nichts wissen.

Am Anfang, als meine Fähigkeiten sich entwickelten, kamen die Wahrnehmungen unkontrolliert und ständig. Wenn ich durch die Fußgängerzone lief, konnte ich die Energieblockaden vieler Passanten sehen. Ich sah, welches Organ erkrankt war und wie ich diesem Menschen helfen könnte. Ich ging als eine von vielen zwischen all diesen Menschen und schaute in ihre Körper und Seelen. Es war eine riesige Belastung. Ich kannte die Leute ja nicht und sie hatten mich nicht um ihre Hilfe gebeten. Sicher hatten die meisten von dem, was ich sah, keine Ahnung und würden mit Unverständnis reagieren, wenn ich sie darauf ansprechen würde.

Es war wirklich grauenhaft, überall waren Informationen, die ich nicht haben wollte und mit denen ich nichts anfangen konnte. Ich wusste nicht, ob ich das lange aushalten würde. Nachdem ich mit vielen Menschen zusammen war, fühlte ich mich komplett ausgebrannt und ein entspannter Einkaufsbummel war fast nicht mehr möglich.

Nach einem dieser Tage fragte ich die geistige Welt, was ich tun könnte. Die Antwort war ein Gedanke. Ich beschloss, nur die Dinge in meinem Bewusstsein zuzulassen, die ich auch bearbeiten darf oder mit denen ich umgehen soll. Beim nächsten Einkaufsbummel war die Bilder- und Informationsflut verschwunden. Ich war so dankbar! Ich verstand, dass ich die Regeln der Wahrnehmung selbst bestimmen konnte.

Es folgte dann eine Zeit, in der ich ständig müde wurde, manchmal direkt nach dem Aufstehen oder beim Autofahren oder an der Supermarktkasse. Ich fand heraus, dass diese Müdigkeit dann einsetzte, wenn etwas oder jemand aus der feinstofflichen Seite mit mir Kontakt aufnehmen wollte. Diese Erkenntnis war schon mal ganz gut ... aber wie sollte ich damit umgehen? Ich musste ja arbeiten und konnte nicht ständig auf die feinstoffliche Seite umschalten oder alternativ dazu gähnend durch die Gegend laufen.

Die Lösung war einfach! Auf der anderen Seite hat Zeit keine Bedeutung. Die „da drüben" hatten kein Problem damit, zu warten, bis ich Zeit für sie hatte. So eröffnete ich quasi eine Sprechstunde für die geistige Welt. Wenn ich müde wurde und merkte, jemand wollte Kontakt mit mir aufnehmen, sagte ich: „Heute Abend um 20.30 Uhr habe ich Zeit für dich" oder „In meiner Mittagspause gebe ich dir 20 Minuten". Der Effekt war gut. Ich war sofort wieder hellwach und konnte meinen Tagesgeschäften nachgehen. Zu den verabredeten Zeiten zog ich mich dann zurück und öffnete mich für die Probleme der anderen Seite ... wie versprochen. Wenn ich es vergaß, erinnerte mich die geistige Welt daran, durch Kopfdruck, plötzliche Müdigkeit oder wattiges Gefühl. Diese Verabredungen und das neue System ermöglichten es mir, meinen Alltag ganz „normal" zu gestalten.

Der Lichttunnel

Es war ein ganz normaler Abend, ich hatte viel Zeit mit Meditieren verbracht und fühlte mich entspannt. Ich legte mich ins Bett, alles war friedlich. Gegen 23.30 Uhr fingen die Hunde plötzlich an zu bellen und komplett verrückt zu spielen. Ich wollte vermeiden, dass sie die Kinder weckten und legte mich zum Schlafen ins Wohnzimmer auf die Couch. So konnte ich die Hunde beruhigen und erst einmal war wieder alles ruhig ...

Gegen 24.00 Uhr wurde ich wach und schreckte hoch ... irgendetwas ging hier vor sich. Die Hunde drückten sich an mich und wollten am liebsten mit unter die Decke. Ich starrte in das Wohnzimmer ... vor mir öffnete sich der Raum. Es war, als fehlte die ganze Wand, ich sah in die nächtliche Welt hinaus ... ich sah auf Menschen, die sich in Scharen aus der Dunkelheit in eine Richtung bewegten ... die Welt war dunkel und alle bewegten sich auf ein Licht in dieser Dunkelheit zu. Das Licht war bei mir im Wohnzimmer. Es war unabhängig von dem Dämmerlicht der kleinen Lampe, die ich in meinem Schreck angeschaltet hatte. Diese vielen, vielen Menschen traten in mein Wohnzimmer. Sie blieben vor mir stehen und warteten auf irgendwas.

Menschenmassen! Es waren Männer, Frauen und Kinder jeder Altersstufe und in den unterschiedlichsten Bekleidungen. Viele kamen in abgerissenen Kleidern, oft mit traurigem Blick ... es war gruselig, es war kalt und ich dachte ehrlich: „Jetzt verlierst du den Verstand, Desi." Für mich waren sie real. Ich sah sie, hörte sie und roch sie sogar.

Ich fühlte ihren Kummer und ihre Hoffnung, als sie mich sahen ... ich wusste nicht, was ich tun sollte. Ich bat den Himmel, mir zu helfen und sah diese Seelen mit aller Liebe meines Herzens an. Ich bat um Erlösung für sie. Plötzlich breitete sich das helle Licht im Wohnzimmer noch weiter aus. Das Licht pulsierte und es bildete sich eine Art Lichttunnel. Es war eine Art Röhre aus sich drehendem Licht, die vom Wohnzimmer durch alle Mauern und das Dach hinauf in den Himmel reichte. Es gab eine Art Eingang, der sich öffnete. Eine unbeschreibliche Liebe erfüllte den Raum. Die Seelen wandten sich dem Licht zu. Die ersten begannen, in den Lichttunnel zu steigen und ich sah das Glück in ihren Gesichtern, als sie aufstiegen. Es hatte etwas futuristisch Surreales. Mein Verstand verweigerte jegliche Mitarbeit. Das war rational nicht zu begreifen.

Tränen rannen völlig unkontrolliert über mein Gesicht. Die Liebe, die aus dem Himmel strömte, die Last, die von den Seelen abfiel, die vielen Gesichter. Einige gingen direkt in den Tunnel, andere kamen zu mir ans Sofa und verbeugten sich oder bedankten sich und baten mich noch um einen Segen. Ich war erst einmal hilflos. Ich sollte segnen?

War das nicht vermessen? Die Seelen blieben jedoch einfach da und ich segnete. Mit einfachen Worten oder dem Gedanken: „Segen für dich." Es waren unendliche Reihen! Ich hatte den Eindruck, es hörte nicht mehr auf.

Ich fragte, warum sie denn alle zu mir kämen. Sie sagten, dass ich auf die andere Seite hinüber leuchtete. Ich war für die Seelen in der Dunkelheit eine Art Leuchtturm und sie kamen zu mir, weil sie mein Licht sahen. Warum das so ist, konnten sie mir jedoch nicht erklären.

Irgendwann ließ der Strom der Seelen nach. Ich fühlte mich völlig erschöpft. Es war inzwischen 2.00 Uhr, die Lichtsäule blieb noch an ihrer Stelle, das geöffnete Wohnzimmer schloss sich wieder und ich konnte endlich in mein Bett gehen. An den folgenden drei Nächten wiederholte sich der Vorgang in etwas abgemilderter Form. Viele weitere Seelen kamen, um in den Lichttunnel zu steigen.

Ich fragte die geistige Welt, warum das passierte.

Die Antwort erhielt ich in einem Traum einige Tage später.

Der Raum der Helfer

Für mich gibt es normale Träume, die einfach die Dinge des Tages verarbeiten, also die Art Träume, wie sie jeder kennt.

Dann gibt es Träume, in denen ich unterwegs bin und Orte und Menschen treffe, von denen ich weiß, dass sie real sind. Manchmal erhalte ich auch Arbeitsaufträge in einem Traum. Ein anderes Mal sind es Visionen, die mich komplett aus meinem Hier und Jetzt, in eine andere Zeit, einen anderen Ort oder andere Zustände versetzen.

Ein weiser Mann stand vor mir und holte mich ab. Ich sollte ihm folgen. Er brachte mich in einen Raum. Der Raum lag in der geistigen Welt. Er war für mich dennoch stofflich. Ich hörte, sah und roch, als wäre ich wach. In dem Raum um eine große Tafel versammelt waren viele Menschen aller Hautfarben und Nationalitäten und jedes Geschlechts. Einige Gesichter erkannte ich, die meisten waren mir unbekannt. Alle waren hier, um dem Wohle des Planeten Erde und dem Wohle aller Wesen, die darauf lebten, zu dienen. Ich war eingeladen, es war eine unglaubliche Ehre, an diesen Ort zu kommen und diesen Gedankenaustausch zu erleben.

Die Antwort auf meine Frage, warum dies alles geschieht, war: „Zu viele Seelen sind auf der Erde geblieben. Es entstand ein Ungleichgewicht.

Wenn die Last der Erde zu groß ist, wird es dunkel und das Licht kann sich auf unserem Planeten nicht mehr ausbreiten. Die Seelen, die aufsteigen, kehren zurück in die Liebe und stärken und vergrößern dieses Feld der Liebe, das auch ein Schutzfeld über unserem Planeten ist."

In der Vision konnte ich die volle Bedeutung der Worte erfassen. Später im Wachzustand war mir die Bedeutung nicht mehr so vollständig klar.

Dieses Erlebnis brachte mich auf die Idee, den Lichttunnel auch in den Einzelsitzungen mit den Klienten herab zu bitten, wenn es erforderlich ist. Ich versuchte es und es gelang.

Last der Ahnen

Eine Klientin kam zu mir durch Empfehlung. Sie war kräftig und ich nahm eine große Belastung wahr, obwohl sie eine sehr offene, fröhliche Art hatte.

Im Laufe der Sitzung erzählte mir die Frau von ihren Träumen und Schlafproblemen. Sie hatte das Gefühl, schuldig zu sein und eine riesige Last zu tragen.

Ich begann die Behandlung. Sie lag entspannt auf der Liege, ich legte meine Hand auf ihren Bauch und bat, dass alles, was sie belastet, sie verlässt.

Es wurde plötzlich eiskalt und der Raum um mich verdunkelte sich. Seelen zeigten sich und bildeten einen sehr großen Kreis um uns herum. Es waren hunderte, abgemagerte Männer mit tiefliegenden Augen. Sie standen da und warteten auf etwas. Sie waren Gefangene eines Lagers gewesen. Ich hörte das Wort „Gulag". Diese Menschen hatten zu Lebzeiten großes Leid erlebt, waren gefoltert und gequält worden. Durch dieses Leid waren ihre Seelen an den Täter gebunden. Solange diese Schuld nicht vergeben war, konnten sie nicht in Frieden ruhen. Die Seelen warteten auf den Täter und sahen nicht aus, als wollten sie vorher irgendwohin verschwinden.

Ich fand den Täter, der sich in dem Körper der Frau versteckte. Es war einer ihrer Vorfahren gewesen, er hatte sich den Körper seiner Nachfahrin als Versteck gesucht. Da die Seelen der Opfer an den Täter gebunden waren, hatten sich auch alle Opfer bei ihr versteckt.

Sie trug die Last von Täter und Opfern auf sich! Kein Wunder, dass sie sich schwer fühlte. Keine leichte Aufgabe, wenn man so viele Seelen mit sich herumschleppen muss. Ich brachte den Täter dazu, sich zu zeigen. Er schimpfte nach wie vor über diese Menschen, die er umgebracht hatte. Er zeigte keinerlei Reue. Die Blicke der Opfer, die immer noch im Kreis um uns standen, waren bedrohlich und kalt.

Sie hätten sich am liebsten auf ihn gestürzt. Das war anscheinend nicht möglich. Blieb die Frage: „Was soll ich mit dem Täter tun?"

Die Frau musste ihn loswerden, die gebundenen Seelen der Opfer sollten ihren Frieden finden. Ich rief die Engel zur Hilfe.

Die Engel kamen. Sie nahmen die Seele des Täters, der immer noch lauthals protestierte und brachten sie an einen sicheren Ort.

Ich fühlte die große Erleichterung, die sich ausbreitete. Die Seelen der Opfer standen noch da und warteten. Ich fühlte den Schmerz, durch den sie gegangen waren, die Verachtung und das Leid, das sie erlebt hatten.

Mein Mitgefühl half ihnen. Ihr Leid sollte von irgendjemandem gesehen werden.

Ihr Leben sollte noch einmal gewürdigt werden. Sie spürten meine Aufrichtigkeit und ich zeigte ihnen den Lichttunnel. Nach all ihrem Dasein in der Kälte zögerten sie. Einzig die Liebe, die aus dem Lichttunnel strömte, überzeugte sie und sie gingen hinein in diese Liebe.

Die Klientin lag während der ganzen Zeit, wohlig eingepackt, bei entspannender Musik, auf der Liege. Sie war völlig entspannt, als ich sie bat, sich langsam wieder zu sammeln und aufzustehen. Ich erzählte ihr von meinen Wahrnehmungen. Sie konnte einen Großteil der Geschichte zu ihrem Vorfahren bestätigen. Die genauen Taten kannte sie nicht, aber sie fühlte sich sehr leicht und befreit. Sie konnte dieses befreite Gefühl mit nach Hause nehmen.

Wenn ich diese Dinge erlebe, bin ich tief angebunden an die große Wahrheit unserer Existenz. Ich fühle mich unendlich dankbar. Das Leben und die Dinge, die ich tue, sind klar und einfach.

Meine Sehnsucht ist es dann, an diese Klarheit angebunden zu bleiben. Das gelingt mir leider noch nicht. Der Alltag, die Bedürfnisse der Familie und Menschen im Außen, reißen mich immer wieder von diesem wunderbaren Frieden, von der Klarheit und Leichtigkeit weg.

Haus Nummer 1

Aus Platzgründen dachten mein Mann und ich über einen Umzug nach. Für ihn war es wichtig, eine größere Veränderung zu machen und in ein anderes Dorf zu ziehen. Wir fanden ein preiswertes Objekt … ein altes Fachwerkhaus von ca. 1680 im ältesten Teil des Hauses. Als Bonus war noch ein zweites Haus dabei, klein und modernisiert mit ursprünglich ähnlichem Alter.

Es war ein Neustart mit viel Hoffnung und noch viel mehr Renovierungsarbeit. Ich entwickelte mich zur Fachfrau für Lehmbau und verputzte, erstellte und verschönerte die alten Lehmwände. Der Boden in der Küche wurde komplett ausgegraben und mit einer neuen Bodenplatte versehen.

Mein größtes Schmuckstück war das Fußbodenmosaik, das ich selbst entwarf und in wochenlanger Arbeit flieste.

Der Hohlweg

Mein täglicher Spaziergang in dem neuen Ort führte mich durch einen Hohlweg mit steilen, bewachsenen Hängen. Auf der einen Seite führte der Hang zur Kirche und dem Friedhof. Der andere Hang führte zu den Feldern. Die Bäume und Sträucher wuchsen über dem Weg zusammen und legten ihn sommers wie winters in den Schatten. Von Anfang an befiel mich auf diesem Wegstück ein mulmiges Gefühl, das ich nicht zuordnen konnte. Meine Sinne waren jedes Mal angespannt und ich beobachtete die steilen Hänge genau.

Es dauerte einige Wochen.

Irgendwann bemerkte ich die zerrissenen, düster blickenden Gestalten, die auf der Höhe des Hohlwegs standen. Sie blickten aus ihren Verstecken im Gestrüpp auf mich herab. Es war gruselig. Hinter jedem Baum, zwischen den Sträuchern hinter Dornengestrüpp, überall wimmelte es von Männern, Frauen und Kindern.

Ich versuchte, mit ihnen Kontakt aufzunehmen, aber sie waren sehr scheu und reagierten nicht auf meine Kontaktversuche. Sie hatten Wächter aufgestellt und beobachteten mich genau, wenn ich dort entlang lief.

Als ich mich kurz darauf mit der Chronik des Ortes beschäftigte, verstand ich einiges. Der Ort wurde im Dreißigjährigen Krieg fast komplett zerstört. Die Soldaten waren über die Höhe gekommen und hatten die Bewohner überfallen und umgebracht.

Die Gestalten am Hohlweg waren die Seelen der Ermordeten von damals. Die Schuld war nicht vergeben. Sie blieben in der alten Situation gefangen und bewachten auf ewig die Höhe.

Nachdem ich das wusste, nahm ich wieder Kontakt auf. Ich erzählte ihnen von den damaligen Gräueltaten. Dass ich ihre Geschichte kannte und ihnen auch den Ausgang erzählen konnte, half ihnen. Die Seelen wurden immer heller, ich konnte sie gut sehen und begrüßte sie bei meinem täglichen Spaziergang.

Ich zeigte ihnen mit meinem Geist Bilder von der Welt, in der wir heute leben, von den vielen Errungenschaften der Technik, aber auch von den Kämpfen und Kriegen der heutigen Zeit.

Wieder nach einer Weile fragte ich sie, ob sie bereit wären, in die Liebe zurück zu kehren. Ich verbeugte mich vor dem Wortführer und öffnete den Lichttunnel für sie. Die ersten Seelen verabschiedeten sich und gingen ins Licht. In den folgenden Tagen öffnete ich den Lichttunnel noch mehrere Male. Schließlich waren alle Seelen verschwunden. Nur oben an der Rückseite der Kirche standen ein Pfarrer und ein Junge. Der Pfarrer sagte, er müsse noch hierbleiben und hätte hier noch nach dem Rechten zu sehen.

Diese Begegnung mit den Seelen auf dem Hohlweg zog sich, Alles in Allem, über ein halbes Jahr hin.

Nachdem die Seelen gegangen waren, hatte der Hohlweg seine bedrohliche Ausstrahlung verloren.

Verhaftung

Eines Nachts im Februar kamen Soldaten in unser Schlafzimmer. Ich schreckte aus dem Tiefschlaf auf, geweckt von den polternden Stiefeln und den lauten Schreien. Die Soldaten hatten das Zimmer gestürmt, waren mit Gewehren bewaffnet und stellten sich drohend rund um unser Bett auf. Sie forderten uns auf, mitzukommen.

Mein Mann schlief weiter und merkte nichts. Ich war in einer Schockstarre, völlig desorientiert. Der Anblick der Soldaten, das Schlafzimmer, das passte nicht zusammen. Es dauerte einige Minuten, bis ich mich zurechtfand. Mir wurde bewusst, dass es die Seelen von Soldaten waren. Wir waren in einer Situation, die sich anscheinend im Februar irgendeines Kriegsjahres des Zweiten Weltkriegs abgespielt hatte. Das erkannte ich an den Uniformen der Soldaten.

Ich reagierte schnell und redete mit ihnen. Sie müssten ihre Pflicht erfüllen, sie hätten einen Auftrag und wir sollten jetzt mitkommen. Die Kälte, der Befehlston, sie waren aggressiv und ich zweifelte keine Sekunde an der Brutalität. mit der sie ihre Worte umsetzen würden.

Meine Angst war groß ... mein gesunder Menschenverstand auch. „Es sind nur Seelen", machte ich mir klar, obwohl ich mir nicht sicher war, wieviel Einfluss sie tatsächlich auf die stoffliche Welt hatten, wenn sie wütend wurden.

Ich erklärte ihnen, der Krieg sei vorbei und es habe keinen Sinn mehr, zu kämpfen. Die Menschen hier seien alle friedlich und die, die sie holen wollten, seien schon lange gestorben.

Einer von ihnen ließ sich von meinen Erzählungen beeinflussen. Ich erkannte seine tiefe Sehnsucht nach seiner Verlobten und einem friedlichen Familienleben. Er wollte sich nicht länger herumkommandieren lassen. Er erzählte seinem Vorgesetzten, der unten wartete, von meiner Weigerung, das Haus zu verlassen und den Grund dafür.

Kurze Zeit später stürmte der Vorgesetzte in unser Schlafzimmer und begann mich zu beschimpfen. Der Mann, mit dem ich geredet hatte, verteidigte mich.

Ich öffnete den Lichttunnel, um eine andere Situation zu schaffen, die Kälte der Seelen im Raum hatte bis in die Tiefe meines Körpers übergegriffen, obwohl ich mich gut zugedeckt hatte. Der Lichttunnel war jetzt für alle wahrnehmbar. Der Soldat, der mir bereits am Anfang geglaubt hatte, schaute zum Tunnel und sah seine Verlobte auf ihn warten.

Er ging freudestrahlend als erster hinein. Die Soldaten, die mit ihm gekommen waren, ließen ihre Waffen fallen und folgten ihm. Nur der Vorgesetzte schimpfte und zeterte weiter. Er schrie den Soldaten hinterher, bezeichnete sie als Feiglinge und Memmen und warf wütende Drohungen hinterher. Irgendwann war er allein. Er bemerkte, dass niemand mehr etwas für ihn tun würde.

Er fragte mich, ob dies alles wirklich wahr sei, ob tatsächlich Frieden in diesem Land herrsche. Er fragte, ob er tatsächlich tot sei.

Ich zeigte ihm mit der Kraft der Gedanken die heutige Welt mit der neuen Technik, den offenen Grenzen und dem friedlichen Leben, das wir führen.

Er nahm seine Mütze ab und senkte den Kopf, dann bat er mich, für ihn zu beten. Das tat ich. Ich vergab ihm alle Untaten, die er in diesem Leben als Soldat begangen hatte. Die Vergebung öffnete sein Herz. Das Licht des Lichttunnels brachte die Liebe in sein Dasein zurück und löste die Herzenskälte auf, in der er gestorben war. Im Lichttunnel erschien jetzt seine geliebte Frau und nahm den Soldaten in Empfang. Es war Liebe im Raum und Tränen der Freude und Erlösung flossen.

Ich war ziemlich erleichtert. Das ganze Szenario hatte mir Angst gemacht, mein ganzer Körper war vollständig durchgefroren. Dieses bedrückende

Gefühl, nachts von Soldaten aus dem Schlaf gerissen zu werden, das Gefühl, ausgeliefert und schutzlos zu sein, verfolgte mich. Die ganze Begegnung hatte fast eine Stunde gedauert. Ich stand auf, um mir in der Küche erst einmal einen heißen Kakao zu kochen, damit die Wärme in meinen Körper zurückkommt. Mit dem Kakao entspannte ich mich und kehrte in mein Bett zurück. In der folgenden Zeit dachte ich oft an den Krieg und wie sehr diese Gewalt die Menschen verletzt und körperlich und seelisch verkrüppelt hat. Mein nächtliches Erlebnis war nur ein Abklatsch der Gewalt von damals gewesen. Wie dramatisch waren die Szenen, die sich damals abgespielt haben müssen. Wie viele solcher Orte, an denen Kriegserinnerungen gespeichert sind, wird es wohl noch geben?

Ich betete in der folgenden Zeit sehr oft für diese Menschen und Seelen.

Ein Leben in Afrika

Die Renovierungsarbeiten und die zunehmend kälter werdende Stimmung zwischen meinem Mann und mir zehrten an meinen Kräften. Ich fühlte mich schwach und allein gelassen. In der Zeit der schweren, umfangreichen Lehmarbeiten hatte ich einen Traum.

Meine Haut war schwarz, ich war ein Mann. Ich trat aus unserer Hütte, meine Frau saß draußen und wartete auf mich. Ich spürte tiefe Liebe zu ihr. Die Verbundenheit, die auch Sicherheit, Ruhe und Geborgenheit ist. Wirkliche Harmonie. Wir umarmten uns und die Berührungen unserer Haut waren leicht, wie ein samtiger Hauch und dennoch warm und so vertraut und sicher. Unser Abschied war liebevoll, ich küsste ihren gewölbten Bauch.

Ein letzter Blick in ihr strahlendes Gesicht und ihre samtigen, warmen Augen. Wir Männer machten uns auf den Weg. Unsere Hütte lag auf einer felsigen Erhöhung und beim Abstieg in die Savanne genoss ich den Blick auf die Affenbrotbäume, die Sträucher und Büsche der Savanne. Wir liefen eine Weile, hielten nur kurz an, um die Spuren der Tiere wahrzunehmen. Wir waren auf der Jagd und hatten unsere Speere dabei.

Plötzlich, wie aus dem Nichts, wurde ich von hinten gepackt. Ein Sack wurde über mich gestülpt und meine Arme und Beine gefesselt. Ich wehrte mich, so gut ich konnte, wand mich, trat um mich und schrie wild. Es gab kein Entkommen.

Ein Knebel erstickte meine Stimme und irgendwann erstarb mein Widerstand. Ein Teil der anderen Männer konnte fliehen. Wir Anderen wurden verschleppt und getrennt.

Sie brachten mich in ein Land, in dem es große Bauwerke gab. Die Menschen dort hatten eine hellere

Haut als ich, trugen Kleidung und hatten viele gestaltete Dinge für ihren täglichen Bedarf.

Mein Widerstand war inzwischen längst gebrochen, ich wollte leben! Ich wollte zurück zu meiner Liebe, zu unserem Kind und der Freiheit der Savanne. Ich hoffte, ganz im Stillen, immer noch einen Weg nach Hause zu finden. Wenn ich Steine schleppte, Lehmwände baute und in der brennenden Hitze kurz davor war, die Besinnung zu verlieren, dachte ich an meine Liebe und hielt durch. Ich war sehr geschickt im Bauen und durfte bald Andere anleiten. Das brachte mir Erleichterungen in meiner Arbeit.

Dieser tiefe Schmerz meiner verlorenen Liebe blieb jedoch immer in meinem Herzen.

Mein Tod war üblich wie bei so vielen anderen. Ich stürzte von dem wackeligen Gerüst an der Mauer. Mein Körper blieb zerschmettert im Staub liegen. Die Männer, denen ich geholfen hatte, trauerten um mich. Ich sah die Seele meiner Liebe zu mir kommen, endlich fanden wir zueinander. Wir umarmten uns, der Kummer aller Zeiten dazwischen verflog und löste sich in erleichternde Tränen auf.

Ich schluchzte, weinte, mein ganzer Körper schüttelte sich über Minuten. Während ich weinte, spürte ich, wie eine sehr alte Last von mir abfiel. Meine Brust war frei und ich konnte leicht und tief atmen.

Dies war eine realistische Reise in ein früheres Leben. Mein Verlust von damals war in irgendeiner Form auf meiner Seele und auch in meinem Körper gespeichert gewesen. Nach diesem Erlebnis öffneten sich in mir die Schleusen für noch tiefere Liebe. Ich war endlich frei.

Die Renovierung und den Bau der Lehmwände konnte ich danach mit neuer Kraft weiterführen.

Haus Nummer 3

Leider kriselte es in meiner Ehe. Wir kamen an den Punkt, dass wir uns trennten. Es war das tiefe Gefühl des Scheiterns. Ich wollte das nicht! Ich wollte kämpfen, für meine Ehe, die Kinder, das Leben, das ich mir aufgebaut hatte. Mein Körper zeigte mir jedoch deutlich, dass es an der Zeit war, mich auf einen anderen Weg zu begeben. Ich hatte, wie in der Endphase der anderen Ehen, wieder eine Zellveränderung am Muttermund. Diese Vorstufe von Krebs ist ein Signal, hinzuschauen. Wie damals hörte ich auch dieses Mal auf die Stimme meines Körpers. Hatte ich mir die ganze Zeit etwas vorgemacht? Wo hatte ich mich selbst betrogen und nicht auf meine Gefühle und Bedürfnisse gehört? Diese Erkenntnisse sind bitter und es dauerte eine ganze Weile, bis ich sie akzeptieren konnte. Ein Ziel war wichtig und darauf richtete ich mich aus. Ich wollte leben und irgendwann auch wieder lachen und die Zeit mit meinen Kindern genießen.

Ich zog um, in das zweite kleinere Haus, in dem ich bereits meinen Behandlungsraum hatte. An meinem Geburtstag schlief ich zum ersten Mal dort. Die folgenden Monate war ich verzweifelt. Ich fühlte mich abgetrennt vom Leben und meiner Familie. Die Kinder waren im anderen Haus geblieben. Ich saß in diesem kleinen Haus allein mit der Katze … die durfte drüben auch nicht bleiben.

Ich bemitleidete mich selbst. Der gewohnte Alltag mit den Kindern war weg. Ich fühlte mich wie die böse Hexe, die in ihren Turm weggesperrt wurde.

In den freien Zeiten lag ich im Bett, starrte an die Decke oder weinte. Gelegentlich versuchte ich, mich wieder auf die guten Dinge meines Lebens zu konzentrieren. Das gelang mir nicht so gut.

Ich fühlte mich als Versagerin. Die dritte Ehe in den Sand gesetzt, vier Häuser renoviert, sechs Kinder erzogen und was war geblieben? NICHTS ... ich hatte alles losgelassen ... ich fühlte mich am Boden zerstört. Meine Freunde halfen mir in dieser Zeit sehr. Sie hielten Kontakt und riefen mich an, auch wenn ich nicht besonders gesellig war.

Versteckt

In dieser Zeit hörte ich immer wieder Schritte im Haus, auch wenn niemand zu Hause war. Irgendwer lief über die Treppe. Wenn ich einen Raum betrat, huschte manchmal ein Schatten weg.

Eines Tages sah ich, wer sich mit uns im Haus befand. Es war ein Junge, vielleicht 13 oder 14. Ich fragte ihn, warum er denn hier im Haus sei. Er könnte doch heim zu seiner Mutter gehen, schlug ich vor. Er sagte, er müsse sich verstecken, sie wollen ihn holen.

Als ich weiterfragen wollte, war er schon verschwunden.

Kurze Zeit später hämmerte es wild an meiner Eingangstür. Es wurde weiter auf die Tür eingehämmert und schließlich gab sie nach. In meinen Flur stürmten Soldaten mit Uniformen des Ersten Weltkriegs. Sie schrien mir ihre Befehle zu. Ich sollte den Jungen herausgeben. Sie wollten ihn rekrutieren. Sie wüssten, dass er bei mir sei. Ich spürte die Anwesenheit des Jungen hinter mir auf dem Treppenabsatz. Ich spürte seine Angst.

Die Soldaten waren sehr bestimmt und wollten schon die Treppe hoch stürmen. Da begann ich ihnen davon zu erzählen, dass es bei uns keinen Krieg mehr gab. Ich zeigte ihnen Bilder mit meinem geistigen Auge. Bilder von der heutigen Welt. Es ist dann, als erwachen diese Seelen aus einer Art Schockstarre. Wenn sie vorher immer wieder die Situation ihres Todes nachgespielt haben … immer und immer wieder über sehr viele Jahre und Jahrzehnte, so ist es dann, als erwachten sie.

Ihr Auftrag sei nun nicht mehr nötig. Die Welt hatte sich schon verändert und sie seien gestorben. Während ich redete, kam Bewusstheit zu den Soldaten. Ihr Gesichtsausdruck veränderte sich. Ich bat um die Lichtsäule. Als sie erschien, konnten die Soldaten nach und nach ins Licht gehen. Als alle Soldaten verschwunden waren, sah ich den Jungen.

Er schaute mich mit großen erstaunten Augen an. Er verstand … es ist ein Verstehen der Seele. Die Seele war aus ihrem Schlummer und ihrem Vergessen erwacht und das Wissen der Ewigkeit und der Liebe war zurückgekommen. Er bedankte sich bei mir. Im Lichttunnel erschien seine Mutter, um ihn abzuholen. Sie nahmen sich in die Arme.

Er schaute noch kurz zu mir und winkte mir zu, während sie mitsamt dem Lichttunnel verschwanden.

Meine Eingangstür war noch ganz.

Das Haus blieb danach ruhig. Es waren keine Geräusche oder Schritte auf der Treppe zu hören. Ich war erleichtert, denn mit einem unsichtbaren Bewohner im Haus zu leben, ist eine unberechenbare Sache und wirklich nichts für schwache Nerven.

Meiner Erfahrung nach wissen viele Verstorbene gar nicht, dass sie tot sind. Einige sind bei der Erfüllung eines Auftrags gestorben, andere bei einer ganz gewöhnlichen Tätigkeit, manche durch ein Unglück. Die Menschen sterben und sind so erfüllt von dem, was sie gerade tun, dass die Seele denkt, sie ist noch am Leben.

Sie wollen etwas zu Ende bringen und wissen nicht, dass sie gestorben sind. Wenn ich es ihnen erzähle, sind sie oft ganz erstaunt und müssen sich erst einmal auf den Gedanken einlassen.

Die Seelen haben alle Zeit. Wenn sie nicht gehen wollen, können sie bleiben. Es ist eine freiwillige Entscheidung, ins Licht zu gehen. Der Weg nach oben gibt die Möglichkeit, eine neue Seelenreise auf der Erde anzutreten.

Reise zum Trauma

Meine dringenden Lebensfragen in meiner neuen Lebenssituation waren noch offen. Welche Perspektive hatte ich?

Wie sollte ich mich ernähren, wie und wo sollte ich leben? War ich stark genug, neben meinem getrennten Partner zu leben, die Kinder zu versorgen und mir wieder ein eigenes Leben aufzubauen?

Ich entschied mich, meinen ehemaligen Friseurladen zu mieten und zu versuchen, damit meine Stabilität zurückzufinden. Es war gut, ich hatte Arbeit, die mich beschäftigte und genug Zeit zum Nachdenken.

Ich wusste, ich muss die tiefe Ursache meines Scheiterns finden. Nur wenn ich herausfand, warum ich gescheitert war, bestand Hoffnung auf positive Veränderung.

Es folgte eine Zeit des Testens und Forschens. Ich reiste in tiefe Abgründe meiner selbst. Ich fand heraus, dass ich immer die anderen Menschen über mich gestellt hatte. Es war wichtiger, das Haus zu renovieren, die Projekte der Kinder und des Mannes zu unterstützen.

Ich hatte vergessen, mich selbst zu unterstützen, mich selbst zu lieben … wer oder was war denn dieses ICH überhaupt? Wen sollte ich denn lieben? Ich wusste nicht, wer ich war. Was wollte meine Seele auf dieser Welt umsetzen?

Welchen Botschaften von mir selbst war ich nicht gefolgt? Die Dinge, die ich anderen Menschen in meinen Behandlungen erzählte, wann hatte ich sie mir selbst erzählt?

Ich reiste in meine Kindheit und holte die kleine traumatisierte Desi aus dem Kindergarten und rettete sie aus den Fängen der Tanten ... ich fuhr zu der Stelle meines Unfalls, der mir kurz vor meinem 18. Geburtstag das Gesicht und mein Selbstvertrauen zerschmettert hatte.

Ich war als Beifahrerin in einer Kurve bei Glatteis auf dem Bahngelände neben einem Strommast gelandet. Jochbein und Nase waren gebrochen, mein Gesicht verzog sich zu einer blaulila Monsterfratze. Der Mann, der gefahren war, hatte versucht, mich noch weiter zurück zu halten. Dabei prallte er selbst mit der Nase auf das Lenkrad und seine Nase platzte auf.

Wir erreichten zu Fuß eine Gaststätte, wurden dann im Krankenhaus versorgt.

Damals konnte ich das Schild und die Leitplanke, auf die wir zusteuerten, wie in Zeitlupe auf mich zukommen sehen. Dann zersplitterte die Scheibe und ich wurde getragen .... ich weiß nicht, von wem oder was. Normalerweise wären wir direkt auf dem Strommast gelandet. Irgendwie kamen wir jedoch daneben zum Stehen.

Nach diesem Erlebnis war mein Leben anders. Ich kann es nicht benennen. Ich hatte keinen Mut mehr, meine Träume zu verwirklichen, genau die Dinge zu tun, die ich für mein Leben geplant hatte.

Gemeinsam mit meinem Freund erstellte ich jetzt eine Timeline meines Lebens und belegte sie mit den Bildern, die ich in der jeweiligen Zeit gemalt hatte.

Es war schockierend. Anhand der Bilder erkannte ich, dass ich mein Gesicht verloren hatte. Ich malte nur noch gesichtslose Gestalten und irgendwann malte ich für lange Zeit gar nicht mehr.

Bei dem Unfall hatte ich mehr verloren als mein Gesicht. Durch den Schock hatte ich einen Seelenanteil von mir abgespalten. Das hatte ich in Behandlungen schon oft erlebt und für meine Klienten verlorene Seelenanteile zurückgeholt.

Wir machten uns auf den Weg zu der Stelle des damaligen Unfalls. Das Gelände hatte ich seither nie wieder besucht. Alles war noch wie damals. Die Leitplanke und das Schild an der Straße oben waren erneuert worden. Unten auf dem Gelände war der Strommast noch da. Ich weinte, erzählte meine Geschichte. Dann entdeckte ich meinen Seelenanteil, der an dem Strommast wartete. Es war ein erschütterndes Bild. Ich erkannte mich als Teenager. Dieser Teil von mir war immer noch so traurig, so verloren. Ich nahm diesen Anteil von mir in die Arme, wir weinten zusammen und fühlten das Glück der Vereinigung, als wir miteinander verschmolzen.

Dieser verlorene Anteil meiner Seele hat mir gefehlt, um eine glückliche Beziehung und ein glückliches Leben aufzubauen. Nicht, dass ich ein unglücklicher Mensch bin, ich hatte durch diesen fehlenden Anteil einfach nicht genug Kraft, meine eigenen Bedürfnisse in meinem eigenen Leben umzusetzen.

Ich hatte einen riesigen Baustein meiner Heilung gefunden.

Der Mann, der mir dabei half, die Timeline zu erstellen und die Dinge, die darin verborgen waren, zu erkennen, hat einen Schlüssel zu meiner Seele. Er erkennt mich in meinem wahren Sein, so wie ich ihn erkenne. Leider ist das keine Erleichterung für den Alltag, der immer wieder neu verhandelt werden muss.
Mit diesem Erlebnis kehrte Stabilität in mein Leben. Ich lernte und heilte. Bald fand ich den Zugang zu meiner Lebenskraft. Mit ihr kehrte auch meine Lebensfreude zurück.

Wächter

Riesen

Im Sommer fahre ich mit den Kindern gerne an einen See, in dessen Nähe ich früher einmal gewohnt habe. Es ist ein angelegter See mit natürlichem Zufluss. Er liegt auf einer Höhe und ist umringt von alten Bäumen. Viele Eichen, Kastanien und andere Bäume waren dort vor vielen Jahren gepflanzt worden. Es gab einen Spielplatz, eine riesige Liegewiese und einen bewachten Badestrand. Der See war an heißen Wochenenden sehr gut besucht. Dann drängelten sich die Menschenmassen an den Badestränden und auf den Liegewiesen. An Wochentagen war es meist ruhiger. In diesen Zeiten fand man immer einen schattigen Platz. Ich liebte es, zwischen großen Wurzeln der knorrigen Eichen zu liegen und dem Spiel des Windes und des Lichts in den Blättern zuzuschauen. Versunken im Spiel der Blätter, brachte mich auch der Lärm der Badegäste nicht aus der Ruhe.

Ich genoss jeden Moment meiner Zeit dort.

Eines Tages war ein älterer Herr dort im See ertrunken. Ich kannte diesen Mann von früher. Wir hatten uns oft unterhalten, wenn ich mit einem Anliegen in seine Apotheke kam. Er war sportlich, trainiert. Ein Mensch, der bei jedem Wetter, auch im Winter, dort im See schwamm.

Warum war er mitten im See ertrunken? Natürlich gibt es eine medizinische Ursache. Irgendwie kam es mir dennoch merkwürdig vor.
Ich war gerade am See und die Nachricht beschäftigte mich. Was war hier los? Welche Kräfte waren hier am Werk? Was störte die Energie dieses Ortes? Ich stellte mir diese Fragen, während ich versonnen in die Gegend sah. An der Zuflussseite des Sees war eine Bewegung wahrzunehmen. Irgendetwas sehr Großes bewegte sich durch das Brachland des ehemaligen Campingplatzes auf den See zu.

Die Gestalt blieb an den Bäumen, die den Zufluss begrenzen, stehen. Mich schauderte es und meine Nackenhaare stellten sich auf. Ich sah nach oben. Ganz klein und hilflos fühlte ich mich da gerade. Vor mir stand ein mehrere Meter hoher, wütender Riese! Sein Kopf ragte weit über die Baumkronen der höchsten Eichen und er war richtig schlecht gelaunt.

O.k., Riese! Es gab keine Riesen. Nur in den Märchen gingen welche spazieren und verbreiteten meist Unheil. Das hier war aber sehr real für mich und der Riese war richtig wütend. Ich dachte: „Jeden Moment geht er auf mich los." Was tun? Ich richtete meine Gedanken auf ihn. Er war unzugänglich. Ich verbeugte mich und erwies ihm die Ehre. Seine Mundwinkel zuckten etwas, er schien überrascht. Meine Chance! Sehr vorsichtig fragte ich nach dem Grund seiner Missstimmung.

Wie aus einer geschüttelten Flasche ergoss sich sein Überdruck in einer Wortfontäne auf mich hernieder. Er schimpfte auf die Menschen. Sie waren hierher gekommen und hatten diesen Ort verunreinigt. Eine kurze und heftige Explosion, dann stapfte er wütend davon. Für eine Erwiderung oder eine weitere Frage blieb keine Zeit. Für einen kurzen Moment atmete ich tief durch und versuchte mir das gerade Gesehene noch einmal bewusst zu machen. Es gab Riesen. Zumindest einen und der war richtig sauer. Soweit konnte ich das erst einmal akzeptieren.

Warum war er so wütend?

Ich wandte mich dem See zu. Das Wasser war leicht gewellt und wirkte merkwürdig belebt. Badegäste waren keine mehr in diesem Bereich. Ich schaute genauer hin. Kurz unter der Wasseroberfläche schwammen die Seelen vieler Menschen. Sie schwammen in Kleidern, die meisten von ihnen trugen Waffen. Sie bewegten sich zwischen den Algen wie Fische, jedoch mit unendlich traurigen Gesichtern. Ab und zu wurde ein Gesicht an die Oberfläche getragen und starrte mich aus tiefen Augenhöhlen an.

Ich hatte inzwischen schon eine Menge gesehen, aber das war wirklich gruselig. Ich blickte gebannt und angewidert auf das Wasser und hatte definitiv keine Lust, darin zu baden.

Wie konnte ich hier helfen? Gab es eine Möglichkeit, diese Seelen zu befreien?

Ein Impuls führte mich direkt ans Wasser. Vorsichtig darauf bedacht, möglichst großen Abstand zu diesen Seelen zu halten, begann ich, das Wasser zu berühren. Aus meinen Händen strömte ein fast weißes Licht. Das Licht breitete sich langsam über den gesamten See aus. Der See wurde so hell, dass ich weit hineinschauen konnte und alle verlorenen Seelen wahrnahm. Heilung und Liebe flossen in das Wasser. Mit dieser Wahrnehmung des Lichtes im See umrundete ich ihn. Ich achtete darauf, das Wasser von jeder Seite des Sees zu berühren. Anscheinend nahmen die Seelen im Wasser mich auch wahr. Sie verfolgten mein Tun und begleiteten mich bei meinem Weg um den See. Irgendwann begann das Licht, sich in Kreisen zu bewegen. Es zog sich in der Mitte des Sees zu einer wirbelnden Lichtsäule zusammen. Die Seelen wurden aus dem See in dem wirbelnden Licht nach oben geschleudert. Dabei konnte ich erkennen, dass es Krieger waren. Das Metall ihrer Waffen und Ausrüstung glitzerte in der Sonne. Nach einigen Minuten war alles vorbei. An der Stelle des Lichtwirbels war ein friedliches Leuchten getreten. Der See war von einem bläulichen Licht durchflutet.

Dieses „Friedenslicht", so nenne ich es einmal, breitete sich über die Ufer, in die Bäume und den Boden aus. Durch dieses Licht trat eine Veränderung ein. Ein Teil der Bäume veränderten sich. In ihnen zeigten sich große Wesen mit Speeren, die in aufrechter Haltung standen. Ich fragte, wer sie seien. „Wir sind die Baumwächter." Es war eine große, starke Reihe Baumwächter. „Wir bewachen diesen Teil des Sees", erklärten sie. „Unser Schutz ist notwendig." Sie hatten anscheinend alles gesagt, denn auf meine weiteren Fragen gab es keine Antwort mehr ... seltsamerweise halten sich meist nur ein paar Angler an dieser Seite des Sees auf.

Das könnte daran liegen, dass diese Baumwächter nicht besonders nett und gesellig sind.

Von der gegenüberliegenden Seite des Sees machte ich mich auf den Weg zurück zu meinem ursprünglichen Platz. Dabei hielt ich Ausschau nach dem Riesen. Ich entdeckte ihn. Er hatte mir bei dem was ich getan hatte, zugesehen und kam nun mit deutlich besserer Laune auf mich zu.

Ich erwies ihm meine Ehre und verbeugte mich.

Er erwiderte die Geste und bedankte sich für meine Arbeit. Gut gelaunt für einen Riesen, erzählte er mir von seiner Aufgabe: „Es gibt viele Riesen, die an bestimmten Stellen die Erde bewachen. Unsere Aufgabe ist es, untereinander die Verbindung aufrecht zu erhalten. Wir sind mit einem großen Gitternetz verbunden und helfen dabei, das Gleichgewicht auf der Erde zu erhalten. Wenn ein Ort, an dem wir wachen, seine Kraft verliert, können wir das Gitternetz an dieser Stelle nicht mehr aufrechterhalten. Es entsteht eine Schwachstelle. Unsere Arbeit ist schwierig, weil viele Plätze durch negative Gedanken und Taten verschmutzt sind und das Gitternetz immer schwächer geworden ist."

Ich bedankte mich für seine Erklärung und er verschwand. Riesen sind anscheinend nicht besonders gesprächig oder gesellig. Parallel zu seiner Erklärung erhielt ich noch Bilder von den Riesen, es waren männliche und weibliche, die wie Sendetürme an wichtigen Stellen, in bestimmten Abständen auf der Erde verteilt waren. Sie erhielten das Gitternetz und waren darüber miteinander verbunden. Auch das Gitternetz konnte ich als eine Art Spinnennetz aus Licht, mit dunkleren und helleren Stellen, erkennen.

Es war ein tief erfüllendes Erlebnis.

In mir war tiefer Friede und eine unendliche Liebe zu dem Ort und den Wesen, die ihn bewachten.

Bei meiner späteren Recherche zum See fand ich folgende Geschichte:
„Das Gebiet des Sees war vor einigen hundert Jahren ein Hochmoor gewesen. Ein tapferer Mann wollte sein Dorf vor den plündernden Schweden im Dreißigjährigen Krieg retten. Er stieß zu den Schweden und gab sich als Führer durch das Moor

aus. Die Schweden folgten ihm. Er führte sie sicheren Schrittes mitten in das Moor. Alle Soldaten und er selbst gingen im Moor unter und starben.

Mit dieser Tat hatte er seine Heimat vor weiteren Brandschatzungen gerettet."

Sylphen, Elfen und Quellwächter

Erdkraft

Vor einigen Jahren durfte ich die Kraft der Erdenergien erleben. Da ich oft schlecht schlief, hatte ich mich mit Erdstrahlen, Wasseradern und dem Energiefeld der Erde beschäftigt. Durch die Veränderung meines Schlafplatzes konnte ich mir damals Erleichterung verschaffen. Durch einen älteren Herrn aus Sulzbach/Ts. lernte ich die Möglichkeit kennen, störende Energiefelder umzuleiten oder abzublocken. Ein anderer älterer Herr aus Neesbach brachte mir ein selbst entwickeltes System des Testens dieser Felder bei. Er verwendete dafür einen Tensor, ich arbeitete lieber mit einem Pendel. In meinem Freundeskreis waren diese Fähigkeiten bekannt. Ab und zu wurde ich denn auch zu Einsätzen nach Hause bestellt, um gute Schlafplätze aufzuspüren oder die Kraft störender Wasseradern zu mildern.

Eine Freundin hatte damals ein Haus am Rande des Ruhrgebiets gekauft. Es war renovierungsbedürftig mit einem riesigen Garten am Hang und einem traumhaften Ausblick über das ganze Tal. Sie war mitten in den Renovierungsarbeiten und bat mich, doch einmal nach den Energien im Haus zu schauen. Mit meinem Pendel arbeitete ich mich durch das ganze Haus und machte Kennzeichnungen über Wasseradern und Erdstrahlen in den kopierten Plan des Hauses. Zwischen Wohnzimmer und Küche gab es eine sehr auffällige Stelle, die nicht in mein bisheriges Muster passte. Ich suchte die entsprechende Stelle im Keller. Dadurch war ich nah am Erdboden und vermied eine größere Streuung der Erdstrahlen. Meine genauere Untersuchung ergab, es war eine Art Energiestrudel. Die aufsteigende Energie bewegte sich mit schneller Drehung nach oben. Die aufsteigende Kraft war sehr stark. Wenn ich mich direkt auf diesen Strudel stellte, wurde mir schwindlig und der Raum begann sich zu drehen. Diese Stärke einer Erdkraft war mir bis dahin noch nicht begegnet. Der Strudel war in irgendeiner Weise „verstopft" und die teilweise blockierte Energie erzeugte einen riesigen Druck, den ich in Form von Schwindel wahrnahm. Die Kraft des Strudels konnte nicht nach oben abfließen und erzeugte dadurch ein Störfeld.

Eine Information blitzte in meinen Gedanken auf. Der ursprüngliche Bauherr hatte sich über die Kräfte der Natur hinweggesetzt. Er hatte sein Haus auf einen Kraftort gebaut und damit eine große Störung der natürlichen Erdkräfte erzeugt.

Ich konzentrierte mich auf diese Stelle. Die Kraft der Erde strömte durch mich hindurch. Ich wurde mitgerissen von einem Feuerwerk aus rotem Licht, das in einer heftigen Explosion strudelnd nach oben schoss. Es wurde heiß, als meine eigene Körperenergie mitgerissen wurde. Ich klebte in dieser

Energie fest wie ein feuchter Finger an einem Eisblock. Es gab kein Entkommen.

Ungefähr 15 Minuten war ich in dem Strom der aufschießenden Energie gefangen.

Irgendwann spürte ich eine Entspannung. Der Energiefluss beruhigte sich und strömte gleichmäßig und kraftvoll nach oben. Die Verwirbelung war verschwunden. Die Energieströme hatten sich vollständig harmonisiert.

Zurück im Wohnraum zeigte ich meiner Freundin die Stelle zwischen Wohnzimmer und Küche. Da der Küchenbereich stark betroffen war, schlug ich ihr vor, die Fliesen zu erneuern, um die Spannung aus dem Boden abzufangen. Sie meinte, dass sie dies aus Kostengründen nicht machen wolle.

Drei Tage später rief sie mich an. Sie hatte einen völlig verstörten Anruf ihres Mitarbeiters erhalten. Dieser war ins Haus gekommen, um weiter zu arbeiten. In der Küche hatten sich alle Fliesen gelöst und waren hochgesprungen.

Sie musste jetzt doch alle Fliesen in der Küche erneuern.

Die Elfenkönigin

Durch diese Arbeit bekam ich eine neue Anfrage in dieser Gegend. Eine Familie hatte ein wunderschönes Haus gebaut als letztes Grundstück an einer Feuchtwiese. Ich sollte Störfelder kennzeichnen und versuchen, die Energie des Hauses zu verbessern.

Meine Freundin fuhr mit mir zu der Familie. Es waren sehr nette Menschen mit einem großen Sinn für die Natur. Sie hatten bereits beim Einzug auf Störfelder und Erdenergien geachtet. Ein Wünschelrutengänger hatte die besten Schlafplätze festgestellt und die Planung unterstützt.

Dennoch gab es Probleme. Speziell eine Stelle im Erdgeschoss war auffällig. Dort hielt sich niemand gerne auf. Immer wieder sprang die Sicherung heraus, wenn dort Strom gebraucht wurde, oder Lampen explodierten. Alle elektrischen Leitungen waren mehrfach vom Fachmann überprüft worden. Ein Fehler war nicht zu finden. Mit meiner Hausbegehung begann ich oben in den Schlafräumen. Ich stellte einige Wasseradern und Erdstrahlenfelder fest und gab ein paar Empfehlungen dazu ab.

Im großen Wohnbereich im Erdgeschoss war die Raumenergie sehr schön. Als wir zu der merkwürdigen Stelle an einer Stützwand kamen, meinte ich, etwas weghuschen zu sehen. Instinktiv folgte ich dieser Bewegung, dem huschenden Schatten. Mit einer Handbewegung wies ich die anderen an, drin zu bleiben, als der Schatten aus dem Haus lief. Ich folgte diesem Wesen. Es lief um das Haus herum auf die Terrasse. Meine Sinne hatten sich jetzt ganz auf dieses Wesen eingestellt. Er saß in einer Ecke, ich konnte die Gestalt jetzt deutlich erkennen. Es war ein Zwerg.

Er bemerkte, dass ich ihn sehen konnte und war irritiert.

„Hast du den Schabernack veranstaltet?", fragte ich ihn. Als könne er nicht glauben, dass ich mit ihm redete, schaute er verunsichert nach links und rechts. Flüsternd antwortete er: „Ich hatte den Auftrag." „Von wem?" fragte ich. Er schaute sich wieder um und sagte noch leiser: „Die Elfenkönigin hat mich geschickt." Kaum hatte er ausgesprochen, verschwand er schon.

Ich stand da und wusste nicht so recht, was ich tun sollte. Ratlos schaute ich hinüber zur Feuchtwiese und zum Biotop. Ich spürte die Schönheit und den Zauber dieses Ortes. Eine leise Ahnung von dem Problem stieg in mir auf.
Ich stellte mich auf die Terrasse, den Blick auf die Wiese und das Biotop gerichtet. Mit großer Würde und Demut verneigte ich mich. Ich bat die Elfenkönigin um ein Gespräch. Die kleinen Wesen, die in den Büschen und Blumen versteckt waren, erschau-

derten. Die Botschaft wurde in Windeseile weitergegeben. Ich wartete. Meine Gedanken waren auf diese Bitte ausgerichtet und ich ließ meinen Geist in Liebe ausschweifen.

Der kleine Zwerg erschien wieder. „Sie ist sehr wütend, aber sie kommt", berichtete er außer Atem.

Ich wartete ... irgendwann nahm ich in den Sträuchern und Büschen eine große Aufregung wahr. Die kleinen Wesen huschten auseinander. Eine Schar Elfen trat an den Rand des Biotops. Sie standen im Halbkreis und starrten in meine Richtung. Dabei strahlten sie so viel kühle Distanz und Würde aus, dass mir ganz mulmig wurde. Ich verneigte mich und erwies meine Ehre, darauf bedacht, sehr zurückhaltend zu sein, um sie nicht noch zusätzlich zu provozieren.

Die Elfenkönigin stand ungerührt da. Sie hatte ihren Blick auf mich gerichtet. Ich spürte ihre kalte Wut. Erneut verbeugte ich mich und wagte zu sprechen. „Warum seid ihr so wütend?", fragte ich. Ein messerscharfer, abschätzender Blick traf mich. „Diese Menschen haben unser Reich betreten und die Kraft dieses Ortes mit ihren hässlichen Kisten zerstört. Mein Volk wird das nicht mehr dulden. Wir werden kämpfen. Ich habe euch grässlichen Wesen den Krieg erklärt. Niemals werdet ihr an diesem Ort Ruhe finden", erklärte sie mit einer Kälte, die mein Blut gefrieren ließ.

Zeit hat im Reich der Elfen eine ganz andere Bedeutung. Niemals bedeutet aus menschlicher Sicht wirklich alle kommenden Generationen, so lange dieses Haus dort stand. Die Aussicht, **nie** in Frieden zu leben, immer im Krieg zu sein mit den Wesen der Natur, die einen umgeben, war nicht berauschend.

Ich ergriff besänftigend das Wort: „Die Menschen, die hier leben, lieben die Natur. Sie ehren und achten sie. Ihre Kinder lernen den achtsamen Umgang mit der Welt. In ihrer Schule lernen sie, dass es Elfen, Zwerge und Naturwesen gibt. Bitte gib diesen Menschen eine Chance." Dass ich die Kinder erwähnte, war ein guter Einfall. Elfen liebten Kinder. Bei Kinderlachen wurden auch Elfen weich. Ich redete noch eine ganze Weile, führte die Vorgänge in der Welt, die Umweltverschmutzung, den Verlust der natürlichen Reiche des kleinen Volkes an. Arbeitete die Vorzüge heraus, sich mit Menschen, die respektvoll mit der Natur umgingen, zu verbünden. Abschließend fragte ich, ob es eine Möglichkeit gäbe, den Frieden wieder herzustellen.

Die Elfenkönigin hatte während meiner Rede einen etwas weicheren Gesichtsausdruck angenommen. Sie teilte mir mit, darüber nachzudenken und zu beraten. Daraufhin zog sie sich mit ihrem Gefolge zurück.

Ich ging kurz ins Haus. Die Familie war neugierig, ich sagte nur, dass ich noch etwas Zeit bräuchte.

Als ich nach draußen kam, um auf der Terrasse zu warten, bemerkte ich den kleinen Zwerg. Er saß etwas versteckt hinter einem Stein. „Hast du alles mitgehört?", fragte ich. Er grinste breit. „Ja, das war eine sehr gute Rede", sagte er. „Meinst du, sie hat Erfolg?" Sein Blick wurde nachdenklich. „Ich weiß es nicht, die Königin ist unberechenbar", erwiderte er. Mit mulmigem Gefühl warteten wir. Nach einer gefühlten Ewigkeit erschien die Elfenkönigin mit ihrem Gefolge. Einige der Elfen, die sie begleiteten, lächelten. Ein Hauch von Hoffnung erwachte in mir. Dann verkündete die Elfenkönigin mir ihr Angebot. „ Ich habe mich mit meinem Volk beraten. Wir haben die kleinen Wesen, die um das Haus leben, befragt. Sie mögen diese Familie und haben ihren liebevollen Umgang mit der Natur bestätigt. Die Bedingungen für unseren Frieden sind: Es sollen Blumen um das Haus gepflanzt werden, Lilien. Diese Lilien dienen als neues Zuhause für die Elfen, die durch den Bau des Menschenhauses ihren Lebensraum verloren haben. Wenn diese Bedingungen erfüllt werden, sind wir bereit, auf alle Feindseligkeiten zu verzichten."

Mein Herz hüpfte vor Freude über diese gute Nachricht. Ich bedankte mich für die Weisheit und Großzügigkeit der Königin und versprach, dass alle ihre Bedingungen erfüllt würden.

Sie neigte würdevoll ihren Kopf und verschwand ohne weitere Worte mit ihrem Gefolge. Ich tauschte einen letzten vielsagenden Blick mit dem Zwerg aus und ging ins Haus zurück.

Die Familie staunte nicht schlecht über das, was ich ihnen zu berichten hatte. Es war herausfordernd, meinen Worten zu glauben. Nachdem ich ihnen die ganze Geschichte erzählt hatte, waren sie gerne bereit, auf die Forderungen der Elfenkönigin einzugehen und den Friedensvorschlag umgehend in die Tat umzusetzen.

Als der Vorschlag angenommen worden war, breitete sich ein unglaublicher Frieden an diesem Ort aus. Es war unbeschreiblich. Im Haus und auf dem Grundstück war plötzlich ein Gefühl von Harmonie und Leichtigkeit ... die Magie des Ortes war zurückgekehrt.

Der Abschied von der Familie war herzlich und ich erhielt einen kleinen gefilzten Zwerg als Geschenk, der mich noch lange an diese schöne Begegnung erinnerte.

Die Malvenelfe

Beim Besuch im Haus einer Freundin hatte ich noch eine Begegnung mit den Elfen. Meine Freundin ist ein sehr warmherziger Mensch mit einer großen Liebe zur Natur. Sie hat einen Nutzgarten und sorgt dafür, dass Vögel im Garten nisten können. Auf ihre Fensterbank stellt sie kleine, selbst getöpferte Elfenschälchen. Von jedem Essen füllt sie Winzigkeiten darauf, um die Elfen mitessen zu lassen. Es ist eine ganz liebevolle Geste an das kleine Volk.

Wir verbrachten gemeinsam einen lustigen Abend. Nebenbei schaute ich einmal auf ihre blühende Hibiskus-Topfpflanze … meine Augen wurden groß vor Staunen. Ich wagte nicht, meinem Blick zu trauen. Eine lachende, übermütige Elfe turnte zwischen den wunderschönen roten Hibiskusblüten hin und her. Ich war verwirrt. Wohnten denn die Elfen auch in Topfpflanzen? Das war neu.

Ich sprach die Elfe an: „Wer bist du?" „Ich bin eine Hibiskuselfe," antwortete sie. Klar soweit ... es war ein wunderschöner Anblick, dieses zarte Wesen in seinem hibiskusfarbenen Kleid so grazil herumfliegen zu sehen. „Dies ist ein wunderschöner Ort, angefüllt mit Liebe. Deshalb wohne ich hier in dieser Hibiskuspflanze", erklärte sie mir.

Ich erzählte meiner Freundin von der Elfe und sie freute sich über diese Mitbewohnerin.

Quellwächter

Eine andere Freundin, die meine Arbeit schon kennengelernt hatte, bat mich um ihre Hilfe. Sie hatten ihre Scheune ausgebaut. Die neuen Räume waren fertig, aber es gab ein merkwürdiges Problem. Seit dem Umbau wollten ihre Hunde den ausgebauten Bereich nicht mehr betreten. Vorher war das kein Problem gewesen. Jetzt verhielten sie sich auffällig. Sobald sie den Flur betraten, stellten die Hunde das Fell, fingen an zu knurren, weigerten sich, weiter zu gehen und wollten weg.

Ich kam zu dem vereinbarten Hausbesuch. Wir gingen direkt in die ausgebaute Scheune. Die Tür wurde geöffnet und als ich den Flur betrat, hatte ich genau den gleichen Instinkt wie die Tiere … bloß weg hier!
Puh, ich atmete tief durch und widerstand dem Fluchtreflex. Am ganzen Körper hatte sich eine Gänsehaut ausgebreitet. Ich nahm sofort eine sehr starke negative Präsenz wahr. Kälte zog durch meinen Körper. Direkt vor mir sah ich eine Gestalt. Sie drehte mir den Rücken zu. Die Gestalt war dunkelgrau, breitschultrig, mit eingezogenem Kopf und verschränkten Armen stand sie da. Ihre schlechte Laune war für mich körperlich spürbar. Irgendwie erinnerte sie mich an Aladins Lampengeist.

Es machte nicht den Eindruck, als wollte dieses Wesen mit mir kommunizieren, doch ich versuchte es.

Langsam verbeugte ich mich und erwies ihm die Ehre. Dabei behielt ich die Gestalt im Auge, um bei Gefahr schnell reagieren zu können, denn seine Gestalt war raumhoch und sehr stattlich. Ich fragte, ob er mir erzählen könne, warum er so eine schlechte Laune habe.

Durch die Ansprache wechselte seine Farbe von durchscheinendem „Dunkle Gewitterwolken"- Blaugrau zu „Leichte Wolken mit etwas Regen"-Hellgrau-blau …

Mir schien, es als sei der erste Schritt zur Annäherung gemacht.

Ich fragte: „Warum stehst du hier?" Er drehte sich um. Wütend platzte es aus ihm heraus: „Was fällt diesen Menschen denn ein? Das lasse ich mir nicht gefallen." Kleine Wölkchen stoben um ihn herum. „Was macht dich denn so wütend? Kannst du es mir erklären?", fragte ich.

„Ich bin der Wächter der Quelle. Ich beschütze diese Quelle seit Anbeginn der Zeit. Die Quelle strahlt ihre Energie nicht nur in die Erde und den Bach, sondern sie strahlt nach oben und ist Teil des Energiefeldes der Erde. Meine Aufgabe ist, dafür zu sorgen, dass die Kraft der Quelle in alle Richtungen fließen kann", erklärte er mir. „Jetzt stockt die Energie und alles ist blockiert. Diese Menschen sind schuld daran." Ich fragte meine Freundin, was bei dem Umbau geändert wurde, welche Materialien verwendet wurden und wie die Beschaffenheit vor dem Umbau war. Bei dem Umbau wurde ein Laminatfußboden verlegt. Anscheinend verhinderte dieser Fußbodenbelag, dass die Energie der Quelle aufsteigen konnte. Ob es am Kunststoff oder am Kork oder an der Kombination aus beidem lag, konnte ich noch nicht herausfinden.

Früher, in der Scheune, waren Beton, Eisen und Holz verbaut. Diese Materialien waren anscheinend keine Hindernisse. „Können wir irgendetwas tun, um die Energie der Quelle nach oben zu leiten?", fragte ich. „Ja, die Energie kann umgeleitet werden. Steine, Kristalle und Spiegel können das bewirken", antwortete er. „Welche Art Steine? Wie sollen wir das machen?", fragte ich unsicher. Er zeigte mir Bilder vor meinem geistigen Auge von bunten Glasscheiben, Mobiles mit bunten Steinen, Halbedelsteinen, dicken Quarzsteinen und wie diese angeordnet werden sollen.

Ich versprach ihm, das Problem zu lösen. Einer Ahnung folgend, hatte ich von zuhause schon ein paar Halbedelsteine mitgebracht. Wir drapierten die Steine im Flur, in der Anordnung, die mir der Quellwächter gezeigt hatte. Mit meinem Pendel konnte ich den Fluss der Energie überprüfen. Die Energie schien wieder zu fließen. Der Quellwächter bestätigte das und nickte schon sehr viel freundlicher. Seine Farbe war jetzt ein klares, helles Blaugrau.

Wir schauten uns den Bereich der Quelle im Erdgeschoss an. Hier konnte man den Energiefluss mit bunten Glasscheiben stärken. Der Wächter war zufrieden. Ich bedankte mich bei ihm und erwies ihm die Ehre. Wir verabschiedeten uns höflich.

Als Feedback erhielt ich kurze Zeit später die Information, dass die Tiere die Räume in der umgebauten Scheune wieder betraten.

Sylphen

2018 drehten wir einen Film in einer Tongrube im Westerwald. Wir, das waren Satori Highway Films, Bewegungsanalytikerin und Performance-Künstlerin Claudia Heland und ich. Die kleine Tongrube mit dem Unkensumpf war in weiten Teilen ein Naturschutzgebiet.

Wir erhielten eine Einweisung über Gefahrenstellen und eine schriftliche Genehmigung, die Grube am Wochenende zu betreten. Das Projekt war aus meiner künstlerischen Arbeit entstanden, Menschen mit Ton und Farbe zu bemalen.

Die Idee war, sich der Erde hinzugeben, sich vollständig mit dem Urmaterial zu verbinden. Aus dieser Verbundenheit sich zu befreien, das Erdhafte, Schwere hinter sich zu lassen und sich tänzerisch zu erheben.

Diese traumhafte, unwirkliche Landschaft aus roten, orangeweißen und ockerfarbenen Erdschichten war dafür der richtige Ort.

Durch riesige Baggerschaufeln bearbeitet, gaben die Tonschichten ihre Farben in unglaublichen Schattierungen und Mischungen preis. Das Gelände bildete einen steilen Talkessel mit kleinen Rinnsalen, einem tiefen Quellwasserloch. Auf der anderen Seite des Kessels wurde der Ton terrassenförmig abgebaut. Auf den oberen Terrassen hatten Wind und Regen einen Weichzeichner über die Formationen gelegt. Dort hatten sich bereits die ersten Pflanzen angesiedelt und breiteten sich aus.

So karg die Landschaft schien, so viel Leben gab es dort. Die Natur hatte sich die Ränder schon zurückgeholt. Dort hatte das Grün der Pflanzen gegen Ton und Staub gesiegt. Es war faszinierend, den Vögeln beim Anflug auf die Wasserstellen zuzuschauen, wie sie blitzschnell und zielgenau auf die Wasserflächen hinabschnellten, ihren Schnabel eintauchten und mit unverminderter Geschwindigkeit weiterflogen. Es war sehr heiß und die Geräusche des Wassers, der Vögel und der Grillen schienen laut. Ab und zu erreichte uns auf der Höhe das Geräusch der nahen Autobahn oder der Flieger, die am hellblauen Himmel entlang flogen. Im Talkessel hörte man die Pumpen, die das Quellwasser in den nahen Bach pumpten.

Meine Arbeit war die kreative Bemalung und Verpackung der Tänzerin in Ton. Es entstand eine Einheit von Mensch und Umgebung, das Gefühl, in dicken Krusten, in feuchter Erde zu sein und die Schwere und Kühle des Materials zu spüren. Dieses Erleben führte nicht nur zu einer optischen, sondern auch zu einer tiefen, emotionalen Erdung. Als mein Arbeitsanteil erledigt war, setzte ich mich außerhalb der Sichtweite der Kamera auf einen Felsbrocken. Ich ließ meinen Blick über den Talkessel schweifen und beobachtete das phänomenale Spiel der Farben. Die Geräusche der Unken und Grillen waren gut zu hören. Ich versank in der Beobachtung der Natur und tankte die Kraft, die von diesem Ort ausging.

Es kam Wind auf. Am Quellloch entdeckte ich einen Wächter, der groß und mächtig über dieser Quelle wachte. Seit meiner ersten Begegnung mit diesen Quellwächtern überraschte mich die Anwesenheit eines solchen Wesens nicht. Die Atmosphäre flirrte und ich hatte den Eindruck, als würde die Luft verschwimmen.

Es lag nicht nur an der Hitze. Durch die Luft flogen Wesen, die ich zuvor noch nie gesehen hatte. Sie trugen zarte, durchscheinende Kleider. Der zerzauste, wild flatternde Stoff erzeugte diesen Eindruck von Verschwimmen.

Ein echter Körper war nicht auszumachen. Vielmehr schienen diese Wesen Teil des Windes zu sein. So wie Quallen im Wasser trieben die Wesen in den Lüften. Sie tanzten wie auffliegendes Papier in wilder Bewegung durch die Luft. Die Wesen schossen in die Höhe, zogen wilde Kreise und sausten im Sturzflug in Wirbeln und Spiralen wieder nach unten. Zuerst waren es drei Wesen. Der Wind trug jedoch noch mehr von ihnen herbei. Sie lachten mich aus, scherzten und waren etwas überheblich. Aus ihrer Perspektive war ich ein kleines Nichts.

Ich fragte sie im Geist: „Wer seid ihr?" „Wir sind die Sylphen", antworteten sie. Ich hatte diesen Namen noch nie gehört. Sie erklärten: „Wir sind Töchter des Windes. Unser Zuhause ist die Luft und die wilden Stürme. Es gibt viele von uns. Wir fliegen über dem Meer und den großen Gewässern. Wir tanzen in der Luft. Wenn der Wind uns mitnimmt, fliegen wir über die ganze Welt. Manchmal kommen viele von uns zusammen und wir tanzen unseren Reigen im Sturm." „Hier an diesem verwunschenen Ort, mit den Steilhängen und dem Unkenteich tanzen wir gerne", erzählten sie. Ich fragte: „Werdet ihr denn nicht von den Arbeitern und den Baggern gestört?" „Nein", antworteten sie „An diesem Ort gibt es ein Gleichgewicht zwischen Natur und dem Abbau, den vielen Pflanzen, kleinen Landtiere und Amphibien."

Ich war so fasziniert von ihrem Spiel, das ich vergaß, nach ihrer Aufgabe zu fragen. Vielleicht hatten sie auch keine, sondern tanzten einfach einen ewigen freien Tanz in den Lüften.

Nach dem Abschluss unseres Projekts verließen wir diesen magischen Ort mit seinen Baggerschaufeln und Unken.

Die Drachen

Drache der Lebenskraft

Die Reise in die Welt meiner Wahrnehmungen ist ein großes Abenteuer. Viele Dinge scheinen unwirklich und ver- rückt. Oft benötige ich eine ganze Weile, bis ich das Wahrgenommene verarbeitet habe. Die Welt, die sich mir jenseits der für alle sichtbaren Welt zeigt, ist wunderbar, fantastisch und großartig. Ich werde immer wieder aufgefordert, meine bis dahin gültigen Grenzen zu sprengen und dem zu vertrauen, was ich wahrnehme. Schwierig war es am Anfang, die eigene Fantasie von der Wahrnehmung zu unterscheiden. Der Unterschied ist ein sensorisches Kribbeln, eine körperliche Reaktion, verbunden mit einer emotionalen Botschaft.

Auf dem Weg zum nächsten Entwicklungsschritt werde ich von der geistigen Welt geführt. Oft sind es auch Menschen, die mir Impulse geben. Sie schenken mir eine Karte, ein Buch oder im Gespräch bekomme ich einen Impuls zu meinem nächsten Schritt. Meine Selbstliebe war sehr klein. In meinem Leben waren ja immer die Anderen wichtiger gewesen. Hatte ich denn überhaupt ein Recht darauf, meine Bedürfnisse und Träume zu äußern oder sogar umzusetzen? Für jeden anderen Menschen wusste ich, die Antwort war „Ja". Nur für mich hielt ich es für unmöglich, meine Begabungen zu entwickeln und ein Leben nach meinen tiefsten Bedürfnissen zu führen. Wie konnte ich mich denn selbst lieben? Wer war denn dieses Ich, das ich da lieben sollte, überhaupt?

Die geistige Welt hatte meine Fragen gehört. Der Weg führte mich zu den Drachen. Plötzlich tauchten um mich überall Drachen auf, in Kinderbüchern, Karten und Erwachsenenbüchern. Ich öffnete mich dieser Welt. Die Drachen waren eine Urkraft, die mich anzog. Ihre Geschichte reichte zur Entstehung der Welt zurück. Ich begab mich auf eine innere Reise zu meinem eigenen Drachen. Als ich ihn fand, spürte ich eine große Kraft in mir aufsteigen.

Ich verstand, dass die Drachenkraft die Kraft der ursprünglichen Erde ist, älter als die Zeit und stärker, als wir uns vorstellen können. Wir sind angebunden an ein riesiges System der Erde mit ihrer Drachenkraft. In allem, was lebt, jeder Pflanze, jedem Tier und jedem Menschen steckt diese Kraft, sogar in den Steinen und der mineralischen Welt. In jedem Menschen wohnt dieser Drache der Lebenskraft. Dieser Drache muss gefüttert werden. Wie füttere ich meinen Drachen der Lebenskraft? Wir füttern den Drachen mit Früchten der Erde. Unsere Nahrung ist Lebenskraft – Drachenkraft. Bei zu stark verarbeiteter Nahrung oder zu hoher Schadstoffbelastung enthält die Nahrung keine Lebenskraft - Drachenkraft mehr.

Es gibt jedoch noch eine weitere wichtige Quelle, aus der sich unser Drache nährt: die Lebensfreude! Wir müssen unseren Drachen mit Spaß füttern!

Indem ich Spaß habe, mich von Herzen freue ... lässt meine Lebensfreude den Drachen wachsen. Er wird stark und trägt mich durch mein Leben. Menschen, die lachen und fröhlich sind, nähren damit ihren Drachen und sind stärker, gesünder und widerstandsfähiger als Menschen, die in Trauer und Kummer leben.

Ich machte mich auf die Suche nach der Drachenkraft bei den Menschen. So entstand ein Film. Mit Ton und Farbe machte ich den Drachen auf dem Körper eines Menschen sichtbar. Das war ein Heilungsprozess. Die Kraft des eigenen Drachen zu sehen, live und in Farbe auf den eigenen Körper gestaltet, gibt Zuversicht. Die Kraft des Drachen wird geweckt und hilft bei der persönlichen Entwicklung.

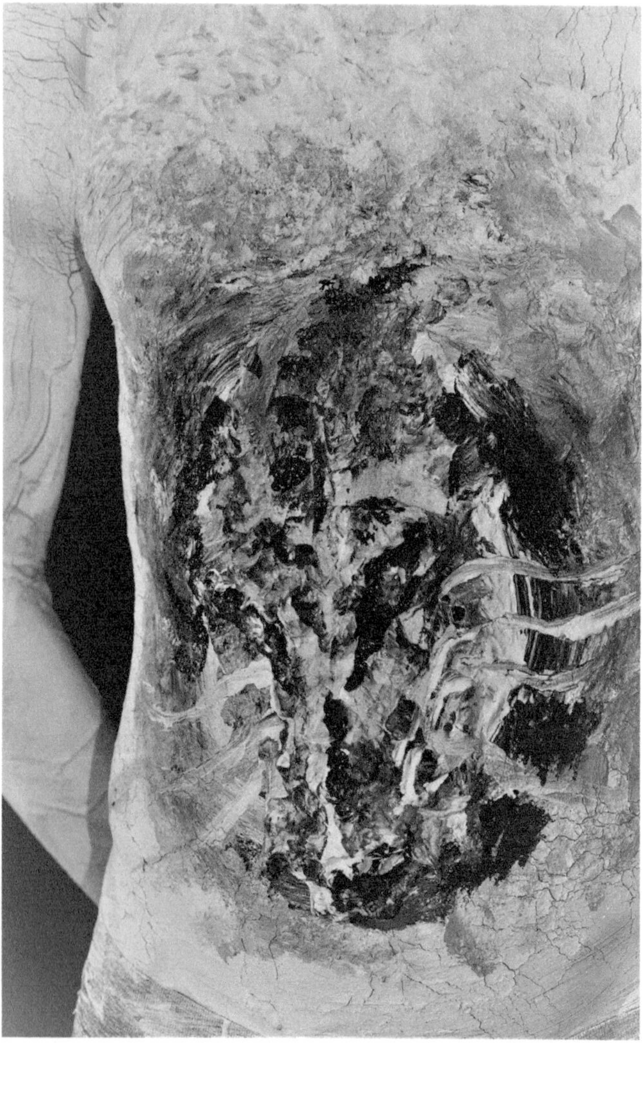

Der Hügel

Auf meinem täglichen Spazierweg schaue ich auf einen bewaldeten Hügel. Es zog mich nicht dorthin, die Energie dort war gruselig und erzeugte auch auf diese große Entfernung eine Gänsehaut bei mir.

Irgendwann, bei einem dieser Spaziergänge, schaute ich versonnen zu dem Hügel. Unbeabsichtigt stellte ich die „Warum"-Frage. Warum ist es gruselig? Warum habe ich eine Gänsehaut? Was ist dort passiert?

Der Ort war rein gewesen. Das Blut der Opfer sickerte jetzt in die Erde. Das war eine Verunreinigung. Die Macht dieses Ortes war gebrochen. Das Blut bildete eine Art Versiegelung, wodurch die Erdkräfte nicht mehr nach oben dringen konnten.

Die Schuld, das Schlachten, das vergossene Blut, hatten diesen heiligen Ort auf Jahrhunderte unbrauchbar gemacht.

Von den Bildern und den Gefühlen der Menschen war ich tief erschüttert. Das Grauen durchzog mich bis in die letzte Zelle. Wie kann man so etwas heilen?

Die Kraft der Erde ist die Kraft der Liebe!!! Nur tiefe Liebe kann solche Plätze heilen, war die stumme Antwort in meinem Geist.

Ich wusste, was zu tun war. Oben auf dem Hügel öffnete ich einen Lichttunnel. Es dauerte einen Moment, bis ich das Gefühl der Vergebung, der großen Liebe zu den Menschen, zu Tätern und Opfern fand. Ihre Vernichtung war gesehen worden. Die Zeit der Heilung war gekommen.

Es war der größte Lichttunnel, den ich bis dahin entstehen sah. Es war gigantisch. Die ganze Hügelkuppe war vom hellen kreisenden Licht der Lichtsäule eingeschlossen.

Die Liebe dieses himmlischen Lichts legte sich auf den Ort ... die verirrten Seelen stiegen in der Lichtsäule auf. Täter und Opfer verließen diesen Platz … Meine volle Konzentration blieb bei der Lichtsäule. An verseuchten Orten bleibt die Lichtsäule nicht alleine bestehen.

Sie kann sich dann nicht im Boden verankern und würde ohne Hilfe einfach verschwinden.

Langsam wurde die Energie des Ortes heller. Die Lichtsäule verankerte sich langsam. Zentimeter für Zentimeter senkte sie sich in den Boden hinein. Die Erde wurde bis in große Tiefen von allen schrecklichen Informationen gereinigt. Meine Aufmerksamkeit konnte ich abwenden. Die Lichtsäule blieb.

Jeden Tag bei meinem Spaziergang schaute ich nach, was weiter geschah.

Die Lichtsäule blieb drei Tage erhalten. Die Reinigung war weiter fortgeschritten. Ich sah die veränderte Energie des Ortes ganz deutlich.

Als ich am vierten Tag nachsah, geschah etwas völlig Unerwartetes. Ich fühlte eine unbändige Kraft auf dem Hügel. Vor meinen Augen erhob sich langsam und unbeholfen ein Drache.

Er sah zerzaust und löchrig aus. Seine Flügel hingen in Fetzen. Er war so schwach, dass er sich kaum erheben konnte. Ich fühlte eine große Liebe zu dieser Kreatur, sie berührte mein Herz und ich wünschte, er gelangte zu seiner Kraft.

Tag für Tag kehrte ich zurück und Tag für Tag erholte er sich mehr. Die Flügel heilten, die Fetzen wuchsen zusammen. Er stellte sich auf seine Beine, konnte bald mit den Flügeln schlagen.

Irgendwann endlich, als ich mich näherte, erhob er sich mit riesigen Flügeln und schwang sich in die Luft. Er zog seine majestätischen Kreise über mir und ich wurde von seiner Energie angefüllt. Meine Freude und Begeisterung über diesen Anblick waren unbeschreiblich. Ich fühlte die Freiheit und die Kraft des Drachen wie meine eigene.

Am gegenüber liegenden Hügel ist ein Steinbruch ... eines Tages hörte ich grauenhafte Schreie aus diesem Steinbruch. Ich konnte diese Geräusche nicht zuordnen und versuchte zu erkennen, woher diese Schreie kamen. Plötzlich entdeckte ich ein sich windendes Wesen an der Abbruchkante des Steinbruchs.

Die Geräusche waren die Wut und Schmerzensschreie eines verletzten Drachen. Die Menschen hatten ihm durch den Abbau der Steine tiefe Wunden gerissen, aber er lebte noch.

Der Drache war schwarz, ein Teil seines Körpers war aufgerissen. Blutende Wunden mit herabhängenden Fleischfetzen bildeten einen grellen Kontrast zu dem schwarzen Schuppenkleid und der graubraunen Abbruchkante.

Ich versuchte, den Drachen mit meinem Gefühl der Liebe und des Mitgefühls zu erreichen. Er war so verletzt und in seinem Schmerz gefangen, dass er mich nicht wahrnehmen konnte. Auf seine Wunden legte ich ein heilendes Energiefeld.

Im Laufe der folgenden Tage versuchte ich dadurch, seine Wunden zu heilen.

Die Kraft der Liebe kann auch tiefe Wunden der Natur schließen.

Es bildeten sich Krusten auf seinem Schuppenkleid und die Schmerzensschreie verschwanden.

Der große schwarze Drache erhob sich in die Luft. Er war zerfleddert undverstümmelt mit Narben und verkrusteten Wunden, aber er lebte.

Seine Wut hatte sich in Frieden gewandelt. Jetzt konnte er seine Kraft weitergeben.

Die beiden Drachen blieben nicht die einzigen. Auf allen umliegenden Hügeln erhoben sie sich jetzt. Drachen aller Farben, Größen und Formen waren erwacht. Es gab Gruppen von kleineren Drachen, die in Schwärmen flogen, große Einzelgänger oder Drachenfamilien.

Es war ein buntes, kraftvolles Wimmeln auf den umliegenden Hügeln.

Nach einigen Monaten war der Drache meines Nachbarhügels plötzlich wieder ganz schwach ... ich war besorgt und fragte mich, wieso es ihm so schlecht ging.

Mit dem Auto fuhr ich durch das angrenzende Wäldchen. Überall lagen abgeholzte Baumstämme ... ich verstand.

Die Kraft des Drachen war an das Zusammenspiel der Erde, des Wassers und der Pflanzen gebunden. Durch das Fällen der Bäume war die Kraft des Drachen geschwächt worden. Es war ein Einschnitt in dieses natürliche Zusammenspiel der Kräfte.

Wie groß mochte wohl die Kraft der Drachen in einer unberührten Natur sein?

Ich weinte, weil ich den großen Schmerz fühlen konnte. Es dauerte einige Tage, bis der Drache, mit Liebe und heilender Energie, wieder fliegen konnte.

Etwa zu dieser Zeit träumte ich von einem großen Bergplateau ... ein oranger Berg in einer flachen Landschaft. Ich sah den schlafenden Drachen und erkannte, dass auch hier die Erde verseucht war von der Gewalt der Menschen. Ich träumte davon, diesen großen Sonnendrachen zu wecken und die Erde dort zu heilen ... als ich wach wurde, war mir plötzlich bewusst, dass es der Uluru, auch Ayers Rock, in Australien war.

Jona

Zu mir kam eine Mutter mit ihrem Sohn Jona. Wir kannten uns schon von vorherigen Besuchen.

Jona war sehr angespannt und er wirkte unglücklich.

Ich fragte ihn, wie es ihm geht. Er erzählte mir, dass er sich zu Hause nicht wohl fühlte. In der Schule hatte er Freunde, die ähnliche Interessen hatten. Daheim war das nicht so und er vermisste dann seine Freunde und war traurig.

Ich spürte Jonas Einsamkeit. Wenn er von zu Hause erzählte, wirkte er irgendwie verloren.

Ich hatte gelernt, in den Sitzungen nach dem Drachen der Lebenskraft zu schauen. Jonas Drache war schwach. Ich erzählte ihm von den Drachen und fragte, welche Farbe sein Drache hat. Er hatte die Augen geschlossen und erzählte mir von einem türkisfarbenen Drachen. Ich sah seinen Drachen in den Farben Grün, Türkis und Blau. Ich fragte ihn, an welchem Ort sich sein Drache am wohlsten fühle. In meinem Geist tauchte das Bild einer feuchten, moosigen Waldlandschaft auf. Jona bestätigte dieses Bild, indem er mir von Wald, Kühle, Wasser und Moos erzählte. Ich erklärte ihm, dass sein Drache sich von seiner Freude und seinem Spaß ernährt. Davon würde der Drache wachsen. Ich fragte Jona, was er tun müsste, um seinen Drachen zu füttern. „Ich würde gerne Experimente machen", erwiderte Jona. „Schreibst du gerne Geschichten?" fragte ich ihn.

Er sah mich an und bestätigte es zögernd.

Er liebte Geschichten. Ich bestärkte Jona darin, seine Geschichten aufzuschreiben. Erfundene Geschichten, Erlebnisse mit seinen Freunden, alles, was ihm Spaß machte, sollte er aufschreiben. Ich nahm bei dem Jungen eine große Begabung für das Schreiben wahr und versuchte, ihn zu motivieren.

„Jona, warum fühlst du dich zu Hause nicht wohl?" fragte ich ihn. „Ich habe keinen Platz für mich. Es gibt keine Ecke, wo ich experimentieren kann. Es gibt keinen Platz zum Ausruhen für mich ganz allein, an dem ich mich wohl fühle."

Jonas Mutter war anwesend, ich redete mit ihr. Sie hatte einen gelb-goldenen Powerdrachen. Sie fühlte sich am wohlsten in Sonnenfarben. Ihr Drache brauchte die Sonne und das Licht. Jonas Bruder hatte auch einen Sonnendrachen. Die ganze Wohnung war in diesen Farben gestrichen.

Die Gestaltung war genau das Gegenteil von dem, was Jona als angenehm und gemütlich empfand. Wir entwickelten gemeinsam Möglichkeiten, z.B. über Höhlenbau und Farbgestaltung, für Jona einen passenden Lebensraum zu Hause zu schaffen.

Schnell wurden Lösungen gefunden.

Einen Platz für Experimente auf dem Balkon und ein ruhiger Platz zum Schreiben sollten geschaffen werden. Es war ein schönes gemeinsames Arbeiten. Es ist ein heilsamer Prozess, einen anderen Menschen in seinem Wesen zu erkennen und zu verstehen.

Für die Mutter war es in diesem Fall das eigene Kind, welches sie mit anderen Augen wahrnehmen konnte.

Golf

Ein älterer Mann kam zu einer Behandlung. Er hatte große Bewegungseinschränkungen im Arm. Alle ärztlichen Untersuchungen waren abgeschlossen, alle Therapien hatten stattgefunden. Zu einer weiteren Verbesserung der Beweglichkeit war es jedoch nicht gekommen.

In der Behandlung erkannte ich eine Verdrehung des Lichtkörpers im Arm.

Diese Lichtkörper Verdrehung ließ sich richten. Danach entdeckte ich seinen Drachen. Der Drache war klein und schwach, hatte die Größe und Farbe einer nackten Ratte und sah sehr traurig aus.

Ein Mitleid erregender kleiner Kerl, der aufgeregt auf dem Mann hin und her hüpfte. Bei dem Anblick musste ich unwillkürlich lachen.

Ich erzählte dem Mann von seinem traurigen Drachen und fragte, welche Dinge ihm denn Spaß machten.

Dabei fand ich heraus, er hatte sich jeden Spaß verkniffen. Durch seine Erkrankung konnte er die Dinge, die er gern tat, nicht mehr in der gewohnten Weise ausführen. In seiner Vorstellunggab es nur ganz oder gar nicht.

Entweder ich kann den Golfschläger richtig halten oder ich lasse es ganz.

Der Spaß an der Sache, dem Golf spielen, war damit verloren. Wir arbeiteten an der Frage: „Wie bewerte ich erreichte Fortschritte? Wohin geht meine Blickführung?"

In dem Moment, in dem ich die kleinen Fortschritte erkenne und positiv bewerte, habe ich jeden Tag viele positive Erlebnisse.

Mit dem Blick auf das Negative, auf die Dinge, die ich nicht tun kann, ist die Summe meiner Tagesgedanken negativ.

Hat der Tag vorwiegend negative Gedanken, ist die Summe meiner Lebenszeit in 24 Stunden negativ: Ich hatte einen schlechten Tag.

Hat der Tag vorwiegend positive Gedanken, ist die Summe meiner Lebenszeit in 24 Stunden positiv: Ich hatte einen guten Tag.

Das ist letztlich eine Entscheidung, die wir jeden Tag aufs Neue treffen. Es ist die Summe der Bewertung unserer Handlungen.

Die Entscheidung, ob ein Tag positiv oder negativ bewertet wird, ist nicht gottgegeben. Das Ergebnis ist steuerbar.

Er verstand und wir fanden neue Denkansätze und Lösungen, die Golf spielen auf unorthodoxe Art ermöglichten. Alleine die Aussicht auf diese Möglichkeit ließ den Drachen größer und kräftiger werden.

Nach unserem dritten Termin war der Drache stark, konnte fliegen und trug den Mann auf seinem Rücken.

Die Beweglichkeit seines Armes hatte sich sehr stark verbessert.

Er konnte wieder Golf spielen.

Die Freude war in sein Leben zurückgekehrt.

Nachwort

Die Geschichten dieses Buches sind gelebte Geschichten. Sie entstanden durch die Menschen, die sie wahrgenommen haben. Menschen, die miteinander kommunizierten und die das Schicksal zusammengeführt hat.

Wir tun oft Dinge, die von außen betrachtet merkwürdig oder absurd erscheinen. Diese Situationen sind unsere Lernaufgaben, an denen wir wachsen, an denen wir unsere Ziele immer klarer erkennen.

Der Antrieb ist eine tiefe Sehnsucht in uns allen nach Liebe und Anerkennung.

Das beglückendste Erlebnis ist es, von einem anderen Menschen auf tiefer Seelenebene gesehen und erkannt zu werden.

Sich auf dieser Ebene zu begegnen, ist eine Bereicherung für beide Seiten.

Ich danke allen Menschen, die mir ihr Vertrauen geschenkt haben und es mir in Zukunft schenken werden.

Danke dass ich euch mit meiner Seele berühren durfte und ihr mir eure Seele geöffnet habt.

Dieses Buch ist ein Ausschnitt meines Lebens und meiner Arbeit. Ich wünsche mir, andere Menschen damit zu inspirieren.

Lebt die Sehnsucht eurer Seele.

Habt den Mut, den ungewissen Weg zu gehen.

Ich bedanke mich bei allen Menschen, die mich dabei unterstützt haben: Uta, Bea, Dorothee, Berater und Helfer, die unbenannt bleiben möchten.

Danke, Michael, für deine Hartnäckigkeit.

Impressum

Text: Desiree Weitershausen
Fotos: Desiree Weitershausen / Michael Schubert

Verlag: Desiree Weitershausen
Brückenstrasse 1
56348 Weisel
weitershausendesiree@gmail.com

Druck: epubli - ein Service der neopubli GmbH, Berlin

Druck:
Customized Business Services GmbH
im Auftrag der
KNV Zeitfracht GmbH
Ein Unternehmen der Zeitfracht - Gruppe
Ferdinand-Jühlke-Str. 7
99095 Erfurt